在蒙台梭利幼儿园里，都做些什么呢？

（以下图片拍摄于早稻田Frontier kids和Meducare Bambino幼儿教育机构）

编手环时，刚开始孩子们加的装饰很少（①），慢慢增多（②）。在这个过程中，孩子理解了什么是层次（③），最后有意识地为圣诞节创作了一个完整的作品（④）。（详见正文第95页）

孩子们创作的编纸作品。

即使发现孩子做错了，只要他没有寻求帮助，成人也不要出手干预，让孩子自己发现错误。（详见正文第124页）

对于男孩来说，数学是一种游戏

男孩对数字有一种天生的执着。

最喜欢编纸了！我们要成为心灵手巧的男孩！

学习编纸可以锻炼三根手指的灵活度。
（详见正文第47页）

通过用勺子舀豆，锻炼运用手指的能力。（详见正文第50页）

豆子、橡皮泥、毛线绳……
平平无奇的小东西，都是孩子们最好的玩具。

用纸编一个小包，再用毛线绳给它编一个包带吧！男孩也很喜欢用手指编各种各样的东西。

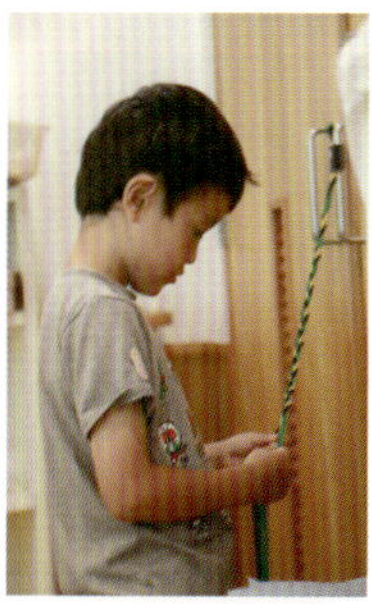

能够灵活运用手指的男孩。

创设易于孩子操作的道具和空间

只要确定好物品的归放地点，孩子就能准确地把东西放回原处。

擦桌子的毛巾是黄色的，擦地板的抹布是橙色的，用完之后要把它们放到对应颜色的收纳筐里。（详见正文第146页）

用真的针线钉纽扣。
（详见正文第101页）

挑拣出来的咖啡豆，是送给妈妈的礼物。

如何在家里实现蒙台梭利教育？

为了处于敏感期的孩子，我们在家里划定一片区域作为玩具汽车的停车场。每辆玩具车上有一个数字号码，每次使用完毕后，孩子会自行将玩具车放回贴着相同号码的停放区域。（详见正文第143页）

只要环境对，孩子全部都会！

在每个忙碌的早晨，让孩子帮上一个小小的忙。比如，给面包抹果酱，倒牛奶。创造适当的环境，让孩子从小学会自己的事情自己做。

每天给蔬菜浇水，切实感受付出与获得。这样，孩子们也许会爱上他们曾经讨厌的蔬菜。（详见正文第90页）

充分利用孩子敏感期内的偏好和积极性，孩子能还给你百倍的惊喜！

自己的衣物自己晾，这是孩子处于所有权敏感期时的一大表现。

面粉黏土，是在下雨天也能尽情玩耍的玩具。用指尖撕下一小块，仔细地揉成团，这也有助于培养专注力。（详见正文第48页）

モンテッソーリ流「才能がぐんぐん伸びる男の子」の育て方

用蒙台梭利教育法
开启0～6岁男孩潜能

[日] 神成美辉 著

中国青年出版社
CHINA YOUTH PRESS

图书在版编目（CIP）数据

用蒙台梭利教育法开启0～6岁男孩潜能 /（日）神成美辉著；王盈盈译.
—北京：中国青年出版社，2021.3
ISBN 978-7-5153-6122-2
Ⅰ.①用… Ⅱ.①神… ②王… Ⅲ.①学前教育—教学法 Ⅳ.①G612
中国版本图书馆CIP数据核字（2020）第226449号

用蒙台梭利教育法开启0～6岁男孩潜能

作　　者：[日] 神成美辉
译　　者：王盈盈
策划编辑：贾倩颖
责任编辑：肖　佳
文字编辑：张祎琳　周楠楠
美术编辑：杜雨萃
出　　版：中国青年出版社
发　　行：北京中青文文化传媒有限公司
电　　话：010-65511270/65516873
公司网址：www.cyb.com.cn
购书网址：zqwts.tmall.com
印　　刷：大厂回族自治县益利印刷有限公司
版　　次：2021年3月第1版
印　　次：2021年3月第1次印刷
开　　本：787×1092　1/16
字　　数：100千字
印　　张：10＋8页彩插
京权图字：01-2020-3237
书　　号：ISBN 978-7-5153-6122-2
定　　价：45.00元

目录

第2章

男孩的偏好中，隐藏着自立、成长的线索

第3章

这些说话方式，更有利于提高男孩的积极性

序言

正在翻阅这本书的你，是一位妈妈，还是一位爸爸？啊，也有可能是幼儿园或小学里的老师吧。你是男性，还是女性？因为这本书讲的是男孩的种种表现，我下意识地也开始猜测书本对面的你的性别了。本书的作者神成老师是一位女性，是一位妈妈，曾经她还是一个女孩。而我，是男性，是一个男孩的父亲，半个世纪以前还是幼儿园里的男孩。

神成老师写下这本书，是希望能为正在艰辛抚育男孩的各位家长提供一些帮助。

为什么抚育男孩这么困难？

这其中必然有各种各样的理由，而最大的理由恐怕是因为“男孩总是做一些莫名其妙的事情”。

事实也的确如此。在男孩心中，自己根本没做什么无厘头的事情，可大人就觉得他们做的事情完全莫名其妙，让人无法理解。这也正是大人苦恼的原因。

对于孩子的妈妈或女老师来说，想要理解男孩实在太难了，至少要跨越两大壁垒。

首先，成年人早已彻彻底底地忘了自己在孩提时代思考和感受过的事，这是第一道壁垒。这道壁垒直接导致的结果与性别无关，因为大人和孩子之间的感受和对事物的体验天然地存在分歧。

其次，大体上来说，女性与男性在感知事物、判断方向上存在着偏差。请回想一下，你有没有向自己的丈夫或男朋友愤怒地质问过："你为什么会这么想啊？""你为什么要这么做啊？"男性和女性在事物认知上存在很大的不同。这就是第二道壁垒。

说到底，每个人都有自己认识问题的方式，有自己独特的偏好，想要"完全理解"根本就是奢望。而在男孩和妈妈之间，又横亘着大人与孩子的差异、男性与女性的差异，每个人的想法肯定都不一样。说起来，即使是两个成年人之间，也要互相探寻对方的想法、感受，并尊重对方的嗜好，才能顺利交往，一步步加深关系。

亲子关系其实也是同样的道理。可是，因为父母和孩子在外貌、气质等方面有着很多相似之处，有些人就会想当然地认为"我和我孩子想的自然一样""我会做的事情，我的孩子自然也会做"。实际上，即使是父母和孩子，也是两个完全独立的人格，会有对方无法理解的想法，做出对方意想不到的行为。很可惜，面对这种情况，父母第一时间往往不会想着去理解，而是武断地对孩子发火，让孩子按照自己的要求作出改正。

神成老师在这本书中讲了很多个小故事，说明了男孩"莫名其妙"的行为背后其实隐藏着"想要成长"的意愿。她的这些阐述，使得父母与孩子之间的壁垒、女孩和男孩之间的壁垒变得透明、柔软，变得易于翻越。她也提供了很多材料，让家长们和老师们能够更容易地理解男孩，尊重男孩想要自主成长的意愿。这本书帮助广大的家长朋友放松心情，不再抗拒与孩子之间的交流沟通。

一起努力吧，相信有一天我们能看到茁壮成长的好男孩，相信有一天我们能笑着回忆曾经的辛苦。

百枝义雄

前言

我有两个儿子。每当我牵着两个小小的人儿走在街上的时候，经常会有人说：

“哎呀，现在很辛苦吧？”

“也就辛苦这一段时间。坚持住啊，加油！”

“我太懂你的感受了，我家也有一个男孩……”

我把这些话和家里有女孩的妈妈们分享，谁知道她们却说：“别人每次碰到我，都说现在正是最好的时候呢。”这差别可真大！那么，为什么会有这样的差别呢？

前几天，我带着两个小家伙去了图书馆。他们在图书馆里到处乱跑，有一个老婆婆就特意走过来跟我说：“图书馆里不能随意跑动。孩子妈妈，还请您注意看好他们。”

这的确是我作为妈妈的失职。不过同时，我想起了一件事。去年也是这个时候，我和丈夫两个人带着儿子来图书馆，当时我俩还在感慨：“到了明年的这个时候，应该会轻松一点吧？”现在回想一下，简直想回去摇醒当时的自己，别说轻松一点儿了，根本就是越来越棘手！

我的两个儿子一个1岁，一个3岁。老大出生后，为了能更好、更专心地照顾小孩，我辞去了工作，成为了全职妈妈，目前正在抚育两个小家伙的征途上努力奋斗。

我在幼儿园老师的岗位上工作了17年，和无数的孩子打过交道，自认为有着非常丰富的经验。然而现实是，我每天都在和两个“淘气包”斗智斗勇，日子过得实在不容易。一去超市就到处乱跑，一有玩具就要互相抢……这些对他们来说是再正常不过了。光是制止他们的这些行为，就几乎耗费了我的全部精力。

不过，即使在这种焦头烂额中，我也一直在心里谨记蒙台梭利教育理念，尽量平和地与孩子交往。只是，有时候都来不及细想，“不可以！”等呵斥的句子已经脱口而出了。唉，还是功夫不到家，得日日反省。

家里有男孩的妈妈看到这本书，或许会格外有共鸣。男孩真的很难带啊！他们的体力和精力都很充沛，而且最重要的是，经常会做一些在我们大人看来莫名其妙的事，根本无从理解。

拙著《理解、守护、适时帮助：如何培养蒙台梭利型“自主的孩子”》经日本实业出版社出版后，在日本国内引发了热烈反响。有很多读者看了这本书后，反馈说“育儿变得轻松了”“看待孩子的眼光发生了转变”，等等。而在这许许多多的反馈中，我同时也发现，有很多家长有诸多关于如何抚育男孩的烦恼。

为了让这些妈妈能够在抚育男孩的路上走得轻松一点点，我执笔写下了这本书。

我将通过实践得出的一些实用建议以及在幼儿教育工作中获得的经验都写进了这本书里。如果你在阅读本书之后，哪怕能够多一点对男孩们的理解，我就很满足了。

蒙台梭利教育法由玛利亚·蒙台梭利（1870—1952年）所创，最早在意大利推行。玛利亚·蒙台梭利既是一位医学家，也是一位幼儿教育学家。

在日本，蒙台梭利教育法因日本著名象棋手藤井聪太①的成功而广为人知。然而事实上，早在这十几年前，该教育法就在商业人士圈中成为热门话题，有越来越多的人将孩子送入蒙台梭利幼儿园中。究其原因，我想这是因为接受了蒙台梭利教育法的孩子中，有不少人在今后的生活、事业中展示出了特别的才能。

谷歌的共同创始人谢尔盖·布林（Sergey Mikhailovich Brin）和拉里·佩奇（Larry Page）、亚马逊的创始人杰夫·贝佐斯（Jeff Bezos）、维基百科的创始人吉米·威尔士（Jimmy Donal Wales）都是蒙台梭利教育法的受益者。

尤其是谷歌的两位创始人，他们在采访中曾说道："正是蒙台梭利教育法为我们日后的成长打下了基础。"这也成了众多商业人士了解蒙台梭利教育法的一个契机。

实际上，为了纪念玛利亚·蒙台梭利，每年到了她生日的那天，谷歌检索页面上的定制版图标（Google Doodle）还会变成蒙台梭利的教具。从这一点，我们就可以感受到蒙台梭利教育法与其深厚的渊源了。

听说这些IT界大人物都接受了蒙台梭利教育法，很多人会认为这是一

① 藤井聪太：日本将棋（可以把将棋理解为日本象棋）棋手，出生于2002年。于2020年打破停滞了30年的纪录，取得历史上最年轻的棋圣头衔。——译者注

种新兴的教育方法，但事实并非如此。

《百年孤独》的作者，诺贝尔文学奖获得者加西亚·马尔克斯也接受过蒙台梭利教育法。英国王室的查尔斯王子不但自己接受了蒙台梭利教育法，还让两个儿子也接受了该教育。

据调查，目前在欧美国家有三成的孩子通过各种途径接受着蒙台梭利教育法的熏陶。从这一数据，就可以看出这是一种流行已久，受到世界各国名人推崇的教育方法。

那么，为了接受蒙台梭利教育法，我们就必须去实施蒙台梭利教育法的幼儿园或学校吗？答案是否定的。实施蒙台梭利教育法最重要的是以下观念：

1. 理解

2. 观察

3. 创造环境

这同时也是家长与孩子相处时应采取的态度。因此，即使不去专门的幼儿园，也完全可以做到。相反，家长是否在家中贯彻这些态度是更重要的。如果家长没有理解蒙台梭利教育法的理念并实施，那么去再多次的蒙台梭利幼儿园，达到的成效也都极其有限。

在本书中，汇聚了许多关于“如何理解”孩子的育儿知识，而这些知识又主要集中在孩子的**“敏感期”**。关于“敏感期”的概念，我们会在本书第1章中讲到。发生在这一阶段的所有小事都很重要，家长绝不能缺席孩子在这一阶段的教育。

如果你是第一次听说“敏感期”，也请不用紧张。一边在脑海中回忆自己孩子平时的表现，比如他现在是什么样的性格、他的内心发生了哪些变化等，一边跟着这本书耐心学习即可。

除了理解孩子之外，还有一件非常重要的事是**“观察”**。每个孩子心中都有自己的偏好和执着。尤其是男孩，好像小主意特别多呢。

玛利亚·蒙台梭利告诫我们：“要用科学家的眼光去观察孩子。”**这是因为在家长眼中不可思议的行为，其实蕴藏着深度挖掘孩子天赋的线索。**

在第2章中，我们会聊到在男孩的种种偏好里，有哪些是能够帮助他们学会自立并开发成后天才能的，讨论作为家长在现阶段应该如何教养自己的孩子。

在第3章中，我们会分析家长的哪些说话方式有利于激发男孩积极性以及哪些说话方式是会极大地打击他们的。作为家长，我们需要勤加练习正面的说话方式，直至形成习惯，这样对孩子的成长绝对有积极帮助。所列方法都蕴含在非常简单的事中，你可以马上进行实际演练。

最后，在第4章中，我们会讲到如何创造一个有助于孩子独立和专注的环境。许多妈妈都会感到烦恼的一些事，比如怎样训练男孩上厕所、如何教会他们收纳整理，都会在这个章节中详细展开。

那么，接下来就让我们具体地来看一看，如何用蒙台梭利幼儿教育法，培养有才能的男孩吧。

神成美辉

2018年5月

第1章

理解幼儿敏感期

玛利亚·蒙台梭利高度重视的敏感期

“在蒙台梭利教育法中，什么是最重要的？”如果有人问我这个问题，那我将毫不犹疑地回答：**“儿童敏感期。”**这是玛利亚·蒙台梭利本人非常重视的观点，并且贯穿了蒙台梭利教育法的始终，可以说是蒙台梭利教育法的支柱。

关于“敏感期”，我在之前出版的书里详细地讲解过。然而这个内容实在太重要，只要讲到蒙台梭利教育法，就绕不过去，因此我还是想用本书的第1章再来详细地说明一下。

已经了解并理解了“敏感期”的读者，可以直接从本书的第2章开始阅读。不过，我在讲解各个敏感期的概念时，也会辅以男孩特有的例子，感兴趣的读者可以简单地浏览。

“敏感期”与所谓的“宝宝叛逆期”重合，一般是儿童0~6岁的时期。所以，有许多家长在面对孩子有些奇怪的行为时，总是轻易地给他们贴上“任性”的标签，轻易地对他们说出“不可以”这三个字。实际上，孩子所有行为的背后都有着必然的原因。蒙台梭利在细致、系统地观察了幼儿自然行为后指出：儿童在每一个特定的时期都有一种特殊的感受能力，这种感受能力促使他对环境中的某些事物很敏感，对有关事物的注意力很集中，它们是短暂的现象，目的是获得一种明确的特性。这种特性一旦获得，相关的敏感性也就消失了。蒙台梭利将这一时期称为敏感期。家长若是不知道“敏感期”，就无法感知、理解他们。

对于处在这个时期的孩子，家长是在理解“敏感期”的基础上加以对待，还是简单地将他们归到“宝宝叛逆期”来对待，这将会对孩子后天能力的培养产生重大影响。

在“敏感期”，孩子一般具有以下特征：

- **为了某种目的**
- **只存在于某个阶段**
- **针对某一种知识或技巧**
- **接受某种刺激的能力特别强**

需要指出的是，儿童敏感期是交叉出现的，并不是一个敏感期结束后才出现另一个。在同一时期可能会同时出现几个敏感期，而且会持续出现。蒙台梭利认为，一个人的心理能力必须在运动中得到实体化，这样它才能统一这个正在展现的人格。如果心理能力和运动这两个因素被分裂而导致各自发展，也就是0~6岁的儿童在敏感期持续时间内没有得到良好发展，会慢慢养成各种坏习惯，例如专注力差、焦躁、自觉性差等，对今后的习惯养成和技能培养有着不可逆的影响。因此，无论对于家长还是老师，科学理解、陪伴和引导处于敏感期的孩子都尤为重要。

敏感期并不是人类特有的，而是所有生物都有的一个阶段。蒙台梭利曾拿一种毛毛虫来举例说明。

毛毛虫的幼虫在生下来不久之后，对光线异常敏感，有着强烈的趋光性。为了追逐光，它爬上树木。树上有嫩叶，可供幼虫食用。幼虫一边向上爬，一边吃着柔嫩的叶子慢慢长大。

等长大到连成熟的叶子都能吃的时候，它不再对光执着，开始往下移动。它一边向下爬，一边食用各种老的、嫩的树叶。像这样，小小的毛毛虫不需要任何教导，自发地学会了吃嫩叶。

人类的敏感期发生在孩童时代，于0~6岁之间表现得尤其强烈，而这段时间与“宝宝叛逆期”刚好重合，这期间的表现大致可分为以下四个阶段：

- **1. 秩序敏感期：执着于“顺序”“习惯”“所有权”“场所”**
- **2. 动作敏感期：执着于“身体的运动”“手指的运动”**
- **3. 社会规范敏感期：执着于“帮忙”等**
- **4. 语言敏感期：执着于读、写、画**

在第1章中，我们将详细地介绍上述几个“敏感期”。

毛毛虫出生后不久，对光线异常敏感

父母眼中任性的孩子

为什么家长会觉得孩子的敏感期很棘手呢?

家长会觉得，这个阶段的孩子非常自私任性。比如，他们不愿意把玩具借给别的小朋友玩。而他们之所以这样，是因为他们正处于**“秩序敏感期”**，正在形成**“物品所有权”**的概念。有些家长不了解敏感期，看到孩子的这种行为就会很生气并指责他们：“快把你的玩具借给小伙伴玩！”

然而从孩子的角度来说，他们只不过是守住了自己内心的“秩序”而已。他们在0~6岁之间会对“物品所有权”这一概念变得非常敏感，强烈地意识到“某样东西是我的”。

实际上，“不把玩具借给别人”是每个孩子成长的必经之路。这也是为什么有人说敏感期其实是一种本能反应的原因。

如果你的孩子也进入了不愿意和小伙伴分享玩具的时期，请不要太过紧张，只要想着“孩子正在培养关于所有权的概念”就好。即使你觉得这种行为不甚妥当，也请不要随意地给他们贴上诸如“自私自利”“任性不听话”等标签，不能因此否定他们的人格。

有一天，一个叫小勇的孩子来我家找我的孩子玩，他只有3岁。几个小孩一直在阳台上玩，等我们过去看时，却发现之前摆在阳台上的拖鞋全都不见了。我们问小勇："鞋子去哪儿了啊？"小勇往下指了指。几个大人瞬间满头问号，这是怎么回事？

原来，阳台上有一道不宽的缝隙，小勇顺着这条缝把拖鞋都扔到了楼下。此时再回想，最近小勇去公园玩时，总会把小棍棒往窄窄的洞里扔。我恍然大悟：小勇是进入了**"动作敏感期"**，执着于"用手指捏住东西往下扔"呢。

毋庸置疑，孩子把鞋子扔下楼肯定是不对的，但是家长一旦明白了孩子此时正处于敏感期，就不会因此被他们搞得火冒三丈，对他们大喊大叫了。

家长能做的事，就是"观察"孩子

特别是到了"秩序敏感期"，关于"顺序""习惯""所有权""场所"等概念，不是家长通过语言教导就可以轻松让孩子掌握的。比如，在日常工作、生活中都非常必要的规划能力。即使我们已经长大成人，也很难掌握好这一技能，突然面对一件事情时经常不知道该如何下手。

要想做好规划，我们的头脑中必须对事物的前后顺序有一个清晰完整的认知。

在此以做饭来举个例子。用电饭煲煮饭需要50分钟，所以做饭的第一步应该是淘米把饭煮上；熬煮味噌汤需要较长的时间，那么就可以一边煮，一边做肉馅来制作主菜汉堡；接着将处理好的肉团放进冰箱里饧20分钟，趁着这个时间做好沙拉。像这样，看起来非常简单的一顿饭，也得提前规划好这些步骤。

纵观那些有效掌握了规划能力的人，无一例外都是在孩提时代的敏感期，于内心坚定地遵守了某种“顺序”规则的人。

那么，孩子的生活中有哪些顺序呢？穿衣服时有穿衣服的顺序，吃饭时有吃饭的顺序，洗澡时有洗澡的顺序，等等。可以说，孩子的生活中也存在着各种各样的顺序，他们很多时候甚至会把生活本身当作一种顺序来认识。

关于孩子们的这些顺序，有一点是恒定的。即当（家长所不知道的）某种顺序规则被打乱时，他们会感到混乱，开始发脾气，大声哭闹。

孩子强烈地认为必须守住自己的顺序。因此，家长如果想加快某个进程或者改变某个行程的时候，总会遭到孩子强烈的反对。

在平时的生活中，家长必须认真地观察孩子，事先了解自己的孩子现在正“遵守着什么样的顺序”，并避免打破他们已形成的顺序和节奏。

在敏感期学会今后生活所需的“行为模式”

我认为，敏感期是孩子习得今后生活方式的一个时期。

在这个时期里，孩子逐渐体悟像“顺序”“习惯”“所有权”“场所”这些无法通过语言教导直接理解的概念，学会在今后生活中可以套用的各种“行为模式”，同时，身体快速长大，语言能力也大幅度提升。

对某个东西或某件事情表现出强烈的偏好，这是孩子的本能。此阶段孩子表现出来的各种“小叛逆”，正是他们在逐渐体悟并培养今后人生中所需的各项技能，包括如何处理人际关系、如何进行社会交往等。

从这一点来说，当理解了“敏感期”之后，育儿就会变得非常轻松。因为我们明白了孩子“叛逆”的背后到底是什么缘由。

针对孩子的一些偏好，作为家长，不应该全面否定，而应该积极地加以引导，这样孩子的能力才会得到迅速的发展。当我们理解了敏感期的概念，时刻仔细地观察孩子，鼓励引导孩子，那么孩子就能掌握各种家长希望孩子掌握的技能，诸如规划能力、坚持不懈的品德、长久的专注力、良好的学习习惯等。

那么现在，就让我们一起具体地来看一下各个“敏感期”吧。

敏感期是孩子习得今后生活方式的时期

秩序敏感期 1

执着于顺序

处于敏感期的孩子，经常会表现出对于“顺序”的执着。

通过以往几年生活中的种种经历，孩子在内心深处形成了“属于自己”的某一顺序准则，并且强烈地渴望遵守这一顺序。他们的顺序准则在大人看来，大部分都既不正确，也不高效。

可这又有什么关系呢，了不起的是，这个时期的孩子正在通过亲身体验自发地获得关于**“顺序”**的概念。

在未来的人生路途中，能够清楚地分辨出每个事件的前后顺序、合理地做好工作规划的，无一例外，都是在敏感期里就已经掌握了“顺序”这一概念的人。

前几天，我做了一件蠢事。当时，我和两个儿子准备吃饭。在给他们洗完手后，就把吃饭用的围嘴戴在了1岁小儿子的脖子上。结果他非常不愿意，一边大哭，一边自己摘了下来。我也被惹急了，大声地训斥道：“你为什么不戴？”

事后我仔细地思考了一下，注意到了一个细节。原来每次都是儿子坐在椅子上之后，我才会给他戴围嘴，而这次我没有按照这个固定顺序。也就是说，在这件事情中，儿子只是执着于固有的“顺序”而已，而不是因为淘气、闹小脾气才抵触戴围嘴。

他们讨厌的，是不遵守顺序

这种事情，时有发生。我们大人并不理解孩子想要遵守某种顺序的心理，所以常常会误解，以为孩子是讨厌“正在做的事情本身”。像上文中，我就是以为小儿子是讨厌“戴围嘴”这件事。

然而，事实并非如此。孩子讨厌的是，我没有遵守顺序。这是因为，他需要一个有秩序的环境来帮助他认识事物和熟悉环境。一旦他所熟悉的环境消失，就会令他无所适从。

玛利亚·蒙台梭利曾说过：**“要用科学家的眼睛去观察孩子。”**在观察中，她发现孩子会因为没办法适应环境的变化而感到害怕、哭泣、大发脾气，也不配合家长发出的任何指令。

在明白了这一点以后，成人要做的，便是暂时收起疑惑和愤怒，好好观察孩子。穿衣服的时候，吃饭的时候，洗澡的时候……孩子有没有强烈要求按照固定的顺序和步骤进行呢？如果答案是肯定的，那么请尊重这个顺序；如果是否定的，依旧要持续留心孩子哪怕微小的变化，因为每个孩子的敏感期出现的时间并不相同，成人要以客观的态度，细心观察孩子的内在需求变化和个别的特质。

除了对顺序的敏感，幼儿的秩序敏感力还表现在对习惯、所有物和环境的要求上。

妈妈，你不要弄错顺序哟！

吃饭
饭前
所有事情
洗手手，
洗得干
干净净
!
戴上小
围嘴
呜
?
啊
呜
啊
?
为什么
不愿意
啊？平
时不都
愿意戴
的吗？
难道是和
平时的顺序
不一样了？
哎呀！
啊——
啊——
要先坐在
小椅子上
再戴上
围嘴
“顺序”
很重要

秩序敏感期 2

执着于习惯

在我们家，有一些已经成为固定习惯的事。比如，我会把儿子上学用的东西放在一个专门的小盒子里，每天去幼儿园前，他自己将盒子里的便当、水杯等放进书包里。

这样做有一个好处：儿子亲眼看到小盒子里的东西一点一点变少，知道自己将哪些东西放进了书包里，就不会落东西了。

而当他从幼儿园回来后，首先将书包里的便当盒、水杯、文件袋等一样一样地拿出来，再放回这个专门的小盒子里。这样我作为家长来说，也不会忘记要洗便当盒、检查学校发的各种文件等事情。对于孩子和父母双方来说，这都是很宝贵的习惯。

当然，最开始的时候，孩子需要我们的帮助，无法自己独立完成。但是随着一次一次的重复，他明白了这是自己每天早上必须做的事情。当他习惯这件事后，家长只要将所需物品准备好放在这个专门的小盒子中就好了。充分利用孩子此时执着于习惯的心理，让他们做一点力所能及的小事情，不管是对家长，还是对孩子来说，忙碌的早晨都能变得轻松许多。

准备完毕，上幼儿园喽！

?
让我们来准备一下去幼儿园要带的东西吧
1
!
便当、水杯、文件袋……
这些都放进书包里
2
你看，小盒子空了
我们装好了
3
数天后
妈妈，我来装
我们一起来整理吧
4
一个月后
不用，我已经装好了！
儿子，要帮忙吗？
5
妈妈，我准备好啦！
!
6

比起孩子在一旁玩耍，妈妈匆忙准备来说，这种孩子自己动手、自己准备的方式，有助于在到了幼儿园之后，快速地找到自己书包里的东西，养成良好的习惯。从这个意义上来说，让孩子自己准备书包，也是一件好事。

妈妈们总是心疼自己的宝贝，怕他累着，会不由自主地出手帮助他们。这样其实是不正确的。我们应该充分利用孩子敏感期对习惯的执着，尽量创造环境，从小培养他们动手的意识和能力。

从更高的层面来讲，我们可以认为日常生活本身就是一种习惯。如果你家里有正在上幼儿园的孩子，估计你们很难在周末顺利出门吧。本来约好周六要一起去奶奶家，结果到了出门的时候，孩子突然开始耍无赖："我不去！"每当这时妈妈都会很生气："奶奶盼了好久，一直想见你呢！"那么，为什么会发生这种事情呢？**因为周六出门去奶奶家是有别于平时上学的行程，孩子不喜欢。**关于行程，我们会在本书第73页具体讲述。

我家的收纳和整理

妈妈在这个收纳盒里放入儿子上学所需要的物品。如果孩子有空的话，也可以由他自己来准备。东西放进小盒子里后，他会自己把全部东西装进书包里。为了更好地帮助儿子学习“顺序”的概念，要和他约定好，第一步先装餐具盒，第二步装便当……一边念着物品的名字，一边装，这样就不会落下东西了。

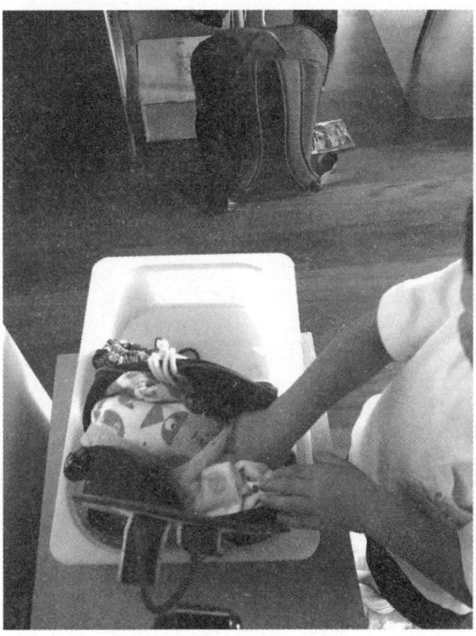

秩序敏感期 3

执着于所有权

男孩一般不会轻易把玩具借给别人。从我这么多年和小朋友打交道的经验来看，男孩的所有权意识比女孩更强。

家里有男孩的妈妈，想必都和我有一样的经历：儿子邀请小伙伴来家里玩，小伙伴想玩他的玩具，而他却不肯。两个人就开始吵起来，小伙伴觉得很委屈。“对不起，对不起，明明是我们邀请你来玩的，他却连玩具都不愿意分享……”最后通常都是以我的道歉收场。让我们从头开始整理。要把玩具“借”给别人，首先孩子就要有“这是我的东西”这一概念。只有在明白了“这个东西属于自己”之后，才能“将自己的东西借给他人”。

从孩子2岁起，他们的自我意识逐渐形成，并开始形成物权的概念。所以，占有是这个时期的孩了的特点。随着不断地长大，他们开始拥有了属于自己的玩具和一些书，这些东西是他们唯一可支配并认为极其珍贵的财产，就相当于大人所拥有的车和房子一样。所以，强迫孩子把自己的东西和其他小朋友分享，就等于别人强迫我们把车子送给别人。所以说，孩子“不把玩具借给他人”这个过程，实际上是进阶至理解“借”这一环节的重大一步。

理解并接受

重要的是，作为家长，首先要理解并接受孩子的这种心理，要肯定孩子对物品的所有权。

“儿子说了算，这个本来就是你的东西嘛。”

当家长这样认可孩子之后，孩子即使不能在当时马上把玩具借出去，也已经逐渐地接受了把玩具借给小伙伴的可能性。碰到小朋友不愿意分享玩具的情况时，最忌讳家长说“你怎么这么不懂事呢？”“你也太自私了！”等否定的话，**尤其是像“自私自利”“任性”等否定孩子人格的话。**

当碰到必须要将某样东西借给其他小伙伴的情况，最好让孩子自己来决定。比如可以这样问：

“这个玩具不行，那你愿意借给他哪个玩具呢？”

这就将强势要求转化成了软性商量。

在上小学之前，小孩子对物品的所有权将会持续敏感。这个时期，家长应当帮助、引导孩子确实地掌握所有权概念，这是非常重要的。

特别是上小学之后，男孩经常会玩各种卡片类游戏。在玩这类游戏时，需要不断地“收集卡片”“交换卡片”“赠送卡片”“获得卡片”“借出卡片”“借进卡片”等，如果不能流畅地完成这些行为，就不能愉快地和小伙伴一起玩游戏并建立友谊。所以，敏感期的“独占”，说到底，是为成长过程中的“深度社交”做准备。

下一次，如果再见到自家孩子独占玩具，请不要烦恼，要时刻想到，他们是在“培养关于物品所有权的概念”，创造尊重和理解所有权敏感力的环境，默默地在一旁守护和观察。

玩具争夺大战!

小A家
!
不给!
又开始抢玩具了……
小B家
没关系
没关系
对不起啊
不要太担心，这些孩子正处于敏感期，在学习“所有权”的概念呢
啊，是这样……
那哪个玩具可以借给他玩呢?
“自私”“任性”这些词语是大忌!
给你。

秩序敏感期 4

执着于场所

孩子在秩序敏感期内会执着于场所。很神奇的是，只要物品离开了它们应该在的位置，他就会很快发现，并且要求把物品回归原位。这对于家长来说，是个帮助孩子养成爱整理、会整理的好习惯的绝佳时机。

在日本的幼儿园里，孩子们到学校后要脱下自己的鞋子，换上统一的室内拖鞋。脱下的鞋子存放在鞋柜中，每个格子上有鞋子主人的标记或姓名贴。这就是利用了他们此时对场所敏感的特性。

同理，我们也可以在家里的鞋柜中框定出属于孩子的空间，并贴上标签。这样孩子每次都能像在学校一样，把鞋子放回到固定的位置。

有些家庭会在进门玄关处，贴上鞋形贴纸，然而只是这样是不够的。这个时期的孩子，他们放鞋子就像在做九宫格，必须让自己的鞋子刚好放进那对应的位置里。如果你的孩子总是脱完鞋后随地乱扔，请务必尝试一下上述方法。

物品要摆在固定的位置

针对这个时期的孩子，我们必须时刻关注物品的摆放。特别是孩子的东西，我们要尽量每次都将同样的东西放在同样的地方。正因为这个时期的孩子对场所异常敏感，只要我们将相同的物品总是摆放在相同的位置上，孩子就能顺利拿取，以此来培养他们的自主性。

在我们家，1岁的小儿子用的纸尿裤放在固定的位置，扔纸尿裤的垃圾桶也摆在固定的位置。当儿子觉得需要换纸尿裤的时候，他会自觉地去存放处拿一片新的回到我身边。等我帮他换完，他再将换下来脏的纸尿裤拿去专用垃圾桶旁边，自己扔掉。

在蒙台梭利幼儿园里，老师们也是彻底地贯彻“从哪里拿来的，放回哪里去”的教育方针。因为老师们知道孩子们这时候正处于对场所非常敏感的时期，知道只要这样做，孩子们就会自动自觉地做好收纳。

如果你的孩子在幼儿园里能很好地归放东西，在家里却不能的话，请记住，这也许不是孩子本身的问题，而是家里的物品摆放环境并不适合这个阶段的孩子。家长没有充分利用孩子此时执着于场所的特质，创造合适的环境。

我作为咨询师，经常为那些想在家里进行蒙台梭利教育的家长提建议。我发现孩子们在家不愿或不能学会收纳的根本原因是，和学校相比，家里的东西实在太多，比如玩具和衣服。

请各位家长仔细地观察一下自己的孩子：你们买的玩具，他全都在玩吗？你们买的衣服，他全都在穿吗？事实上，让孩子爱不释手的往往就是那几种玩具，穿来穿去的往往也就是那几套衣服。对于正处于秩序敏感期的孩子，他们对习惯、所有权强烈的意识，使他们倾向于反复地使用同样的东西。

所以，不管是玩具，还是衣服，都不用准备太多。比如说玩具，选出孩子最喜欢的前三种，然后把它们放在孩子随时可以拿到的地方，这样就

收纳鞋子的方法

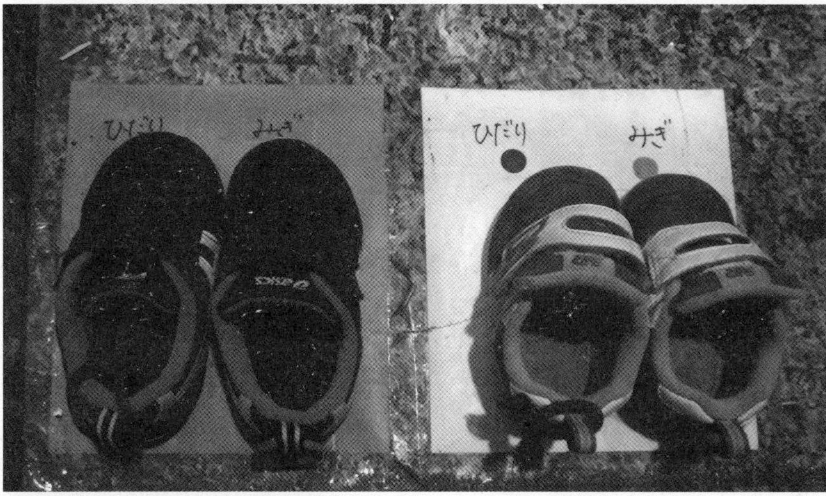

鉴于儿子对物品摆放的场所异常敏感，我们家在玄关处做了如下设计：老大放鞋子的地方贴了一张蓝色的鞋形贴纸（左），老二放鞋子的地方贴了一张黄色的鞋形贴纸（右）。另外，为了保证他们不会穿错左右脚，还让他们自己在左脚鞋子的后部绑上蓝色小绳，右脚鞋子的后部绑上红色小绳，地上的贴纸也做好了对应的标记。这样，孩子脱鞋时就不会把左右脚的鞋子放错，穿鞋子时也不会穿错。同时，绑了小绳之后，孩子穿鞋时就有了借力，容易穿上。

足够了。

我朋友家的小孩叫小开。有一段时间，他只穿带橡树图案的衣服。因为带橡树图案的衣服实在不好买，他的妈妈只能把他仅有的三件橡树图案运动衫翻来覆去地洗。妈妈想着，既然如此，那这几个月你干脆就只穿这三件吧。结果呢？小开竟然因此学会了自己从抽屉里面找衣服穿，妈妈洗完后他再叠整齐放回去！关于如何引导孩子学会收纳，我会在本书第142页具体讲述。

如果孩子所处的环境阻碍了这种秩序敏感性的正常发展，孩子就会变得焦躁不安。而放任他们的秩序错乱下去，会让孩子产生强烈的心理冲突，不利于以后规则意识的建立。蒙台梭利认为，秩序敏感性是大自然赋予孩子的一种神奇的能力。如果成人未能提供一个有序的环境，孩子便“没有一个基础以建立起对各种关系的知觉，因而也很难逐渐建立起内在智能”。对此，家长需要耐心观察孩子的行为表现，理解并帮助孩子发展秩序感，让他们能循着自己的内在成长规律好好地长大。

杯子和盘子必须这样放

动作敏感期 1

执着于身体的运动

运动是孩子智力发展的一个基本因素，对脑部的发展非常重要，也是联结身体和心灵的一个重要渠道。蒙台梭利认为一个人的心理能力必须在运动中得到实体化，这样它才能统一这个正在展现的人格。如果心理能力和运动被分裂开，就会各自发展，其结果是“人被分裂了”，人就会处于空虚、发呆和混乱的状态中。0~6岁是儿童的运动敏感期，而0~3岁，特别是1岁以前，是大肌肉敏感期。孩子在动作敏感期对运动的执着，大致可分为两类：一是身体的运动，二是手指的运动。

前者中，比较明显的是“想在窄的、高的地方走动”的冲动。每次出门，只要看见稍微高点的地方，就肯定要站上去，然后从那里走下来。人行道旁的路缘石，窄窄的，又有一点高度，对于孩子来说正是不得了的好地方，每次看到都要过去走一趟。

通过在这些高高窄窄的地方行走，可以培养孩子的平衡能力和运动能力。人体中统管运动能力的，是大脑。**因此，这个时期的孩子通过在窄的地方行走、往高的地方攀爬，既锻炼了身体机能，又促进了大脑发育。**

其中，男孩尤其喜欢往高的地方爬。他们会趁着别人抱着自己时，赶紧用脚踩着你的身体借力往高处爬；他们从很小就往高一点的桌椅上爬，往栅栏上翻；甚至有时候，正蹲下准备背起他，他的手往肩膀上一撑，直接跳了下来！

作为男孩的妈妈，真是操碎了心。

为了杜绝此类危险情况的发生，我的建议是，直接带他们去公园等安全的地方玩个尽兴。不管是儿童攀登架，还是滑梯，都能满足他们想登高的愿望和需求。这样，当孩子在家里爬桌子时，你就可以对他说：“不是说好了，只能爬公园里的儿童攀登架吗？”

孩子的冲动无法抑制，大人只能改善环境

说到在家里创设一个适合孩子活动的环境，比其他任何事情都重要的是安全性。比如，如果椅子和桌子摆放得很近，孩子很可能就会拿椅子当踏板，爬到桌子上去。另外，我们每年都能听到有孩子踏着阳台上的空调外机、晾衣杆等翻出阳台护栏的事故。而这些悲剧的主角，主要都是正处于动作敏感期的幼儿。

我们不能抑制孩子敏感期内攀高的欲望，让他们自由、科学成长的前提是，家长要将可能会造成安全隐患的危险品放置于孩子的活动范围之外，尽量给他们创造一个安全、自由的环境；其次，要鼓励孩子自由探索和尝试，因为运动不仅是一种自我表现，更是意识发展不可或缺的因素。

练习平衡感的“线上行走”

美国心理专家格塞尔·阿诺德认为：敏感期的表现是多种多样的，最早的时候，孩子是依靠身体来感知空间的，通过扩大对于空间的感知来探索这个世界。

男孩的攀高欲望

孩子之所以想要攀高，是在用平衡感受自己的身体，掌握空间，探索未知的远方。有一个方法既可以满足孩子这一内在需求，又能避免他们在攀爬时因爬得太高而产生安全隐患。那就是蒙台梭利教育法中的“线上行走”。

找一个稍微开阔的地方，用白色的线画一个圈（见本书第46页），然后让孩子们自主挑选一样东西拿在手里，安静地沿着白线行走。至于拿在手上的东西，他们既可以用一个大勺子盛着乒乓球，也可以用手拿着杯子。平衡感好的孩子走得很稳，甚至可以在脑袋上顶一个小布袋。不管是哪种道具都没关系，都能帮助他们训练平衡感。

这种“线上行走”练习，不仅可以锻炼孩子的平衡能力，还能让他们平静下来。这段行走的时间，在蒙台梭利幼儿园中被称为“安静时间”。

在练习时，孩子们一边听着古典音乐，一边默默地沿着白线行走。这是小孩子也能修的“禅”。在蒙台梭利幼儿园里，参加这项练习的有2岁的孩子，不过更多的还是3~5岁的孩子。

平时总是精力旺盛、活泼爱闹的男孩，在这段时间里，也能够安静下来。一般而言，在完成这项练习之后，幼儿园里会召开早会。这时不需要老师嘱咐让大家安静下来，值日生说“今天是×月×日星期一，天气晴朗……”时，每个人都能安静下来仔细聆听。

家长也可以在家里和孩子玩这个游戏。家长可以用白色胶带在客厅的地板上粘一圈，也可以用几条浴巾连着围成一个圆。因为浴巾本身有厚度，团在地上形成一定的高度，用来训练孩子的平衡感，是再合适不过的了。

“线上行走”是修身养性的时间

动作敏感期 2

执着于手指的运动

在蒙台梭利幼儿园里，孩子们有“工作时间”。在这个时间段里，孩子们可以做各种自己喜欢的手工。在幼儿园的架子上，摆放着做手工需要用到的各类道具。

在其他的幼儿园里，课题都是固定的，比如说今天画画，明天折纸，所有孩子在同一节课里做着同样的事情。而在蒙台梭利幼儿园里不是这样的。到了“工作时间”，每个孩子可以自主选择喜欢的道具，做自己喜欢做的事情。

在同一节课上，我们能看到有的孩子正捏着小球往小小的洞里扔，有的孩子正用钳子夹着豆子往盘里移，有的孩子正试图将一根线穿过吸管，有的孩子正把陶罐里的水往杯子里倒。每一个孩子都在认真地做着自己喜欢的“工作”。

我们成人通常用大拇指、食指和中指这三根手指，完成用筷子、拿铅笔、穿针等简单动作 。当我们能灵活地使用这三根手指后，就可以完成使用剪刀、菜刀等一些比较复杂的动作。

比如说使用汤勺。小时候我们握汤勺，需要五指并拢，从上向下紧紧捏住勺柄。随着年龄的增长，我们一般只使用三根手指，从下向上轻巧地支住勺柄。也就是说，我们从幼儿时期的五指并用，发展成了基本上只使用三根手指的习惯。

但是，这种改变不是自然发生的。小孩子会利用自己得到的所有机会，自主训练手指的灵活度。我们经常能看到自家的孩子试图打开塑料瓶瓶盖，或者使用镊子，都是这个原因。

所以，如果你的孩子表现出想要做某种手工的欲望，即使准备和清理工作可能会有点麻烦，也请一定多加支持。**长大成人后是否能有较强的精细运动技能，与他们在运动敏感期内是否正确地锻炼自己的手指、培养手眼协调能力有着紧密的联系。**

手指游戏——面粉黏土游戏

下面给大家介绍一个在家里也能做的小游戏，它能充分锻炼手指，叫**面粉黏土游戏**（见插页第VI页）。最近，我跟我的儿子就玩得不亦乐乎。所用到的材料如下所示：

- 面粉　300克
- 水　80–100毫升
- 油　少量
- 盐　一小勺

注：对面粉过敏者，可用米粉替代

将上述材料混合，揉成像普通黏土差不多的硬度，接下来就可以和孩子一起玩耍了。揉好的面团密封好后放进冰箱冷藏，可以储存一周左右。

好玩的面粉黏土

面粉300克
水80-100毫升
揉到如普通黏土一般硬度
油少量
盐一小勺
油
盐
将揉好的面团装进密封袋后放进冰箱冷藏，可以保存一周
烤后的曲奇小饼干
食用色素
用红色的食用色素上色

对于什么东西都爱往嘴里放的孩子来说，这种面粉黏土再让人放心不过了，吃进去也不会存在安全隐患。

有时候，我家还会把刚做好的面粉黏土烤熟。烤制后，它看上去就像曲奇饼干一样，可以用来玩过家家游戏。做的时候若加点红色的食用色素，出来的成品就会变成漂亮鲜艳的颜色，有效吸引孩子的注意力。

这个游戏既可以锻炼孩子们的动手能力，又可以培养他们的创造力，你可以尽情开动脑筋，去挖掘这个游戏更多的玩法。

手指游戏——夹豆子

在蒙台梭利幼儿园里，经常会使用豆子作为教具。

我们既有“移豆子”，又有“夹豆子”游戏。豆子既可以用勺子舀，也可以用夹子或筷子夹起来运送到旁边的盘里。每个豆子的大小都不同，根据孩子的不同年龄段选择合适大小的豆子，甚至可以把大大小小的豆子混在一块用。

不过有一点需要注意，有些男孩会把小小的豆子往鼻子、耳朵等地方塞。万一做游戏时用到的豆子刚好跟鼻孔差不多大，他们又冒失地乱塞，那可就糟糕了。所以，大人千万要跟在身边，注意时刻观察。

豆子还有其他妙用。比如，有些孩子会急切地想要自己来倒水，但是他们年龄太小，直接倒液体难度很大。为了满足他们的需求，这个时候就可以用豆子来替代液体。刚开始时，让孩子向外倒大豆子，等他们厌倦了大豆子之后，再换成小豆子或米粒。

需要注意的是，不管是哪个游戏，一定要让孩子充分地玩耍直至他们自己厌倦了当前的阶段，才进入下一个阶段。**孩子不断重复相同的手工，在玩耍的过程中他们会自主地调整手部的细微动作。**

执着于社会规范

毫无疑问，幼儿的自我意识非常强，在他们心中，所有人都是围着自己转的。而从大概两岁半起，孩子逐渐脱离以自我为中心，对结交朋友、群体活动有明显倾向，开始作为某个团体的一员对“社会交往”产生兴趣。这时，父母应与孩子建立明确的日常待人礼仪规范，使其日后能遵守社会规范，拥有自律的生活。

“家庭”是孩子认识到的第一个社会单位

“家庭”是孩子认识到的第一个社会单位。**所以，全家人能一起做某件事、共同完成某项任务，在这个时期对于孩子形成“社会”的概念、学会人际交往和规范秩序尤为重要。**

比如，通过全家人一起坐下来吃饭这件事，孩子切身体会到自己是这个家庭的一员。在吃饭过程中，他悄悄地观察爸爸妈妈、哥哥姐姐拿筷子和勺子的方法，学着使用。在美国的一个家庭中，一个3岁的小孩嚷嚷着说：“把盐给我！”家长趁机反复地跟他说：“你请求别人帮你做事的时候，要有礼貌，在句子前面加一个‘请’字。”像这样在全家人一起吃饭的过程中，家长可以现场教学，规范他们的某些不当行为和言语。

我在幼儿园里和孩子聊天时发现，现在有很多妈妈选择先喂孩子吃饭，等孩子吃好之后，自己再吃。因为她们觉得，这样孩子既不会吃得到处都是，自己也不会很慌张，有充裕的时间吃好饭。

但是这样的做法之下，孩子一直是**“被照顾的对象”**。在现实生活中，我们也能看到有不少的孩子已经五六岁，到了可以自己吃饭的年龄，可还是让妈妈喂着吃饭。这同时意味着，孩子一直是自己一个人在吃饭，就吃饭这件事来说，他是被排除在家庭之外的。

毫无疑问，如果让孩子独自吃饭的话，他肯定会吃得到处都是，把小饭桌弄得一片狼藉。这时，几个小小的对策，就能使事情变得很轻松。可以在椅子下垫一块抹布或铺一张报纸，即使孩子真的把食物残渣撒得到处都是，也能很快收拾干净；也可以在桌边放一个洗指盆，把孩子掉下的或者手上的食物残渣统一收到里面。如果你觉得洗指盆里的水容易洒，当然也可以换成一个小盘子。

另外，从孩子的角度来说，当他能够自己吃饭，并且吃得越来越熟练，掉的东西越来越少时，也会觉得很有成就感。

洗澡时，在条件允许的情况下，我也建议妈妈坐进去和孩子一起洗。现在有越来越多的家长不知道应该如何实行亲肤育儿法，我认为一起洗澡就是最有效最方便的实践机会。如果你觉得24小时都和小朋友待在一起比较痛苦，那么至少试着一起洗个澡。

特别是男孩的妈妈，能够和自己的孩子一起洗澡的时间真的不会太长。趁着还可以的时候一起洗个澡，肯定能成为母子二人今后极为珍贵的回忆。

“我来帮忙！”是孩子正学习社会规范的表现

在社会规范敏感期，孩子会越来越主动地提出要帮忙。以前在幼儿园任教时，我在3~5岁的班里问：“谁能帮我一下？”刚问完，所有人都呼啦啦地涌过来。孩子们也想帮助别人，成为一个有用的人呢。

关于帮忙，我们会在第2章再详细阐述，在此想要提醒的是，各位家长和老师务必要尊重孩子想要帮忙的心情。由于这个阶段的孩子能力有限，很多时候其实是在帮倒忙，反而给家长增加不少工作量：去拿盆子，中途掉了；去倒茶，水洒了；拿菜盘，打翻了……但即便是这样，也要接受孩子的帮助。因为在孩子敏感期，最重要的是培育孩子的社会属性。

可见，并非只有花费大量金钱让孩子去学习知识和技术，才算是给孩子投资。像这种在日常生活中容忍对于妈妈来说有些烦恼的“帮倒忙”，才是对孩子最大的投资。

小时候给家长帮过许多小忙、从家长口中收获了无数句“谢谢”的孩子，进入社会之后，才能学会心系他人、帮助他人。

孩子都能帮什么忙？

我们要认真对待孩子主动提出的帮忙请求，但在现实生活中，为避免混乱，确实也不能总遂孩子的意，让他们随意帮忙。在这里，我给大家介绍一个小孩子绝对能做好的事：每天和大家问好。让孩子帮助家长向别人问好。早上起床的时候，和家人问好；出门的时候，和公寓管理员问好；去了幼儿园，和老师问好……

这个任务既不会烦扰到妈妈，又能够帮助孩子积极主动地参与到社会中，非常有意义。而且，孩子向别人问好，别人肯定会回以问好。通过这个一来一回的过程，他们从内心感受到了愉悦，那么即使家长今后不再布置这个“任务”给孩子，孩子也会有礼貌地向别人打招呼。这正是最大的收获。

帮忙买东西

番茄一共3元
儿子，把钱递给叔叔
嗯！
吃晚饭时
这个番茄是儿子买回来的呢
儿子，你帮妈妈去买菜了吗？
是呀
这个番茄真好吃
简直太好吃了！
儿子选的番茄
嗯！

语言敏感期

执着于语言

我在保育园和幼儿园工作的很多年里，曾碰到过一个在幼儿园里完全不说话的孩子。一般来讲，男孩进入“语言敏感期”的时间会比女孩晚，而其中又有些男孩明明心里有一堆话想要表达，却完全说不出口。

在这里，我要说一下晴仁小朋友的故事。当时他只有3岁，在他来到幼儿园之后，整整3个月的时间里，一句话都没有说过。我咨询过他的妈妈，问她晴仁在家里是怎样的，对方回答说在家里是正常讲话的。似乎是晴仁小朋友心里有什么特别的想法，打定主意要在幼儿园里保持沉默。

语言能力影响儿童的表达能力。因此在遇到这种情况时，家长和老师应经常和孩子说话、讲故事，或者有意识多用反问的方式，增强孩子开口说话的欲望。即使你认为不说话是不好的，也千万不能着急，总是追问“你为什么不说话呢”。

就在这样的氛围中，有一天晴仁小朋友在沙堆上玩，玩得特别开心，一句“哇，好好玩”脱口而出。以此为分界线，他在幼儿园里说的话变得越来越多。

到了后来，他说起话来简直就像机关枪一样哒哒哒，一刻不停，倒是把老师们都惊着了。在孩子不愿意做某事的时候，不要去勉强他们。像晴仁小朋友这个案例一样，静静地等待他自己产生想和大家说话的意愿，最后往往会得到我们期待的正面结果。

不得不说的时候，自然就开口了

家长们不要觉得惊讶，有些孩子不愿意说话又不会表达，可能是因为他们平时缺乏和大人的语言互动，觉得没什么可说的。那么家长应该想办法让他觉得说出这些话很有必要。

在我当幼儿园园长期间，曾经碰到一个叫向太的男孩子。他当时4岁，有3个姐姐，再加上妈妈，家里一共有4位女性。被4位女性包围的向太，不需要说任何话，在向太自己发觉想要什么之前，就有人已经全部帮他准备好了。她们就会满足他的所有需求，将他照顾得妥妥帖帖。这样，在想要什么的时候，无需用语言说明，就已经得到，向太没有了开口说话的必要。另外，又因为跟他一起吃饭的都是比他年纪大的女性，压根就没有他开口的机会。特别是3个姐姐，总是叽叽喳喳地说个不停。

一直生活在这种环境里的向太，在幼儿园里也不爱说话。吃饭时他若还想再添一碗饭，也不开口说要，就和在家里一样，直直地盯着带班老师。老师已经习惯了他的这种表达方式，一边确认着“是要再来一碗，对吧”“是想要吃葡萄，对吗”，一边把相应的东西装在他的盘子里。

在旁边观察了很久之后，我建议他的带班老师说：“下一次，一定要引导向太，等他自己开口说要什么，你再给他。”

向太是一个小贪吃鬼，但是只要他不开口清楚地说出自己想要什么，老师就永远不会把东西给他，这样他哪受得了。很快，他就开口说话：“老师，请再给我添一碗饭。”“老师，我想吃苹果。”然后慢慢地，在吃饭之

让不爱说话的孩子开口说话

外的场合，他也能正常和大家交流了。

比起女孩子，有更多的男孩子不爱说话。有一些是因为某种理由自己打定主意不说话，有一些是觉得没有说话的必要，另外还有一些是在心里积攒着话题。

尤其是老大是女儿、老二是儿子的家庭，家长往往更容易焦虑，因为觉得比起女儿，儿子学会说话太晚、说得也太少。如果通过检查，排除了听力、自闭等病理性因素，那么很可能是因为家长日常对孩子的语言引导和刺激还不够，孩子缺乏和大人的语言互动，所以才导致迟迟不会表达自己。即使是这样，家长也千万不要用极端的方式勉强孩子开口说话，比如命令、斥责等让孩子心生排斥的方法。

作为家长，也可以仔细回想一下：自己的孩子是不是也存在着像上文中的向太一样的情况，孩子什么都不用说就已经全部为他准备好了呢？如果答案是肯定的话，可以适当地增加与孩子一来一往的互动；如果答案是否定的，那就静静地创造机会，等待孩子自己开口吧。有时候，等待也是很有必要的。

女孩才交换小纸条

女孩到了三四岁，喜欢在小纸条上写写画画，开始玩“交换书信”的游戏。若是家里有男孩的妈妈看到了，肯定会心中一酸：“我家那小子连字都不会写，更别说写信了……”家长可以为之惊叹，但焦虑完全没有必要。心理学家霍克·布朗洛的研究表明：从出生到孩子四五岁，女孩的大脑发育速度都会快于男孩，直到七八岁时，这种趋势才有逆转的可能。

学前教育直至小学时期，在家长和老师看来，班里的女孩在画画、写字方面都要比男孩表现得更优秀。

所以，知道这个特点以后，家长们不要再因为男孩学会写字晚或者写字不够好看而烦恼了！而应该让孩子养成习惯，多多地练习，对孩子（尤其是男孩）多一点耐心。尽管孩子的书写能力可能发展较为迟缓，但如果在语言、动作等敏感期内，得到了充足的学习机会，其书写能力便会自然产生。

第2章

男孩的偏好中，隐藏着自立、成长的线索

男孩对这些特别执着

孩子是有能力的天生学习者。他们会循着自我的潜能法则，不断成长为有能力的人。但在孩子的众多偏好中，其实也隐藏着大量需要父母关注的成长信号。关于如何看待孩子的偏好，我想用以下三个词进行总结：

▶ **1. 发现**

▶ **2. 认可**

▶ **3. 回响**

所谓“**发现**”，就是玛利亚·蒙台梭利说的用科学家的眼光去观察孩子。孩子为什么会这么做？他到底在讨厌什么？背后的原因是什么？作为家长，只要在孩子的身边仔细地观察，慢慢就能知道所有答案。

在发现了孩子的偏好之后，要去“**认可**”它。即使有时候你认为这种偏好毫无用处，也请不要去否定它。像我的大儿子，有段时间特别喜欢蜘蛛。这听起来似乎是一个毫无用处而且有点奇怪的爱好。因为这个爱好，他在看到图鉴上的照片时能很快地记住“蜘蛛”这个词怎么写，还能一条一条地讲清楚蜘蛛和其他昆虫之间的区别。有时候他闹了小脾气，我就在他手上画一个蜘蛛，他的表情马上就“多云转晴”了！

又因为“蜘蛛”这个关键词，他逐渐地对各种图鉴、绘本产生兴趣，还进一步喜欢上了所有的昆虫类。这就是第三点**“回响”**。

我有一个朋友，家里有一个5岁的宝宝。在过生日时，大人问他想要什么，小寿星回答说想要多米诺骨牌。家长本以为他会想要变形金刚、电车玩具或汽车模型，听到想要一副多米诺骨牌时，大家大吃了一惊。为什么呢？

在日本NHK教育电视台有一个面向儿童的教育节目，叫《毕达哥拉斯的知识开关》，主要是通过各种实验和游戏来培养孩子的思维习惯。在节目中，屡次出现了多米诺骨牌的装置。小寿星每周都会看这个节目，对多米诺骨牌产生了强烈的好奇心。后来，他的家人给他买了一套小型的多米诺骨牌装置，他认真地研究它的结构，与此同时，他的专注力得到了很大的提升。

之前在幼儿园工作时，有一次我和一群5岁的孩子一起在外面散步。其中一个小男孩在一栋房子外面看见了一盆芦荟。他看着芦荟锯齿状的叶子，觉得十分新奇，还特地跑去别人家门口寻找芦荟，找到之后再开心地回来跟我分享。

结果，这个小男孩的行为影响了他周围的小伙伴们。大家纷纷去寻找芦荟，班级里形成了一股“芦荟热”。我觉得这是一个好时机，在接下来的一段时间里，干脆将外出散步的时间变成了“芦荟寻踪时间”，并趁机教导他们简单的数学知识。比如说，之前已经找到了3盆芦荟，现在在这里又找到了1盆，那么今天一共找到了几盆？

对于大人来说，芦荟就是一种司空见惯的植物，没有什么好新奇的，但是对于孩子来说，它的外形很特别，让人感兴趣。于是，他们不但在这个过程中学会了简单的数学知识，还能牢牢地记住哪个地方有芦荟，同时培养了记忆能力和空间感知能力。直到现在，我还忘不了孩子们在寻找芦荟的路上，那一双双闪闪发亮的眼睛。

有一天傍晚，我带大儿子外出散步。他对我说："妈妈，你看今晚的月亮圆乎乎的呢。"过了几天，再出门的时候，他又对我说："妈妈，今天的月亮不是圆乎乎的。"

于是，我赶快买了带月亮插图的日历，指着日历上的图片，告诉他月亮不是一直圆乎乎的，而是有阴晴圆缺，一直在变化的。

在我潜移默化的影响中，老大逐渐有了日期的意识，每天跟着日历观察天上月亮的形状和所在位置。之前，他一直搞不懂星期和日期的概念，现在已经能清楚地问出"今天星期几""今天几号"了。

男孩对任何事都充满了好奇，经常会纠结于原因，凡事愿意追问"为什么"。作为家长，千万不要失去耐心，而是要认可他们的小纠结，并做好引导，再利用此机会为他们拓展其他方面的知识。

在接下来的内容中，我将总结出促进男孩子自立、成长的8个要点供家长和老师们参考。这些建议都是易于实施且对男孩的成长大有裨益的。如果有可能，请各位跟着我试一试吧。

男孩养育要点 1

正确看待“屎尿屁”——以平常心对待

热衷于“屎尿屁”是探索自我的开始！

这里很重要

★ 男孩正处于探索和认识身体的初级阶段。

★ 避免给孩子贴上“不懂礼貌”的标签。

★ 尽量表现得淡定、从容。

“虽然你说的很有道理，但有时候实在是没法认同他们的小癖好啊。”有时候也能听到家长这样无奈的感叹。

比如，男孩子似乎特别喜欢类似屎、屁这一类词汇，他们光是听到，就能兴奋起来。其实，全世界的孩子都爱“屎尿屁”，他们不仅喜欢说，而且还喜欢看和比较，比如观察自己的大便形状，“看，我今天拉的粑粑像火车！”每当他们大声地说出这些话时，妈妈们就会忍不住呵斥：“别说了！”

那么，为什么男孩子会格外喜欢“屎尿屁”这些词汇呢？

对此，孩子们的理由千奇百怪。有些孩子是想试探妈妈的反应，有些孩子是喜欢这些词的语感，有些孩子是喜欢看在场人士略微窘迫的反应，还有些孩子是喜欢便便的形状……

而儿童发展的研究告诉我们，当孩子对“屎尿屁”特别感兴趣的时候，恰好也是孩子的性萌芽期。孩子口中的“屎”“尿”“屁”，是跟控制感、自主意识以及对身体的初步探索有关。因此，小孩子口中的“屎尿屁”，也不是我们所认为的“污言秽语”，一切都是因为孩子开始了对自己身体的不断认识和探索。

即使孩子不分场合、不分人群地使用这些词汇，我们也要克制住，避免给他们贴上“不懂礼貌”的标签。当他再次表现出对“屎尿屁”的热衷时，要表现得非常淡定。因为你反应越大，他越觉得语言的力量就是大，然后说得越起劲儿。倒不如像往常一样的反应，孩子觉得没有意思了，慢慢也就不说了。

这里说一对兄弟的故事。哥哥不断地大声唱着自己作词作曲的“便便歌”，而弟弟似乎对这首歌没有半点兴趣。妈妈想着，至少小儿子没有唱这种奇奇怪怪的歌。有一天她看到小儿子正兴致勃勃地在做着什么手工。凑过去一看，妈妈惊呆了：那是用黏土捏的很多坨便便形状的物体……原来小儿子对便便的热爱，不在于歌，而在于它的形状。

当我们明白了孩子的行为并无恶意后，也不妨趁机引导他们学习相关知识，比如陪他们一起阅读关于“大便”的绘本、科普相关知识，等等，满足他们的好奇心。

日本著名设计师、插画师寄藤文平从小就喜欢画便便（现在仍在画）。他在著作《大便书》中写道：“教会我画画乐趣的，正是大便。”

即使是像这种大众普遍认为不好的东西，我也认为不应该简单地去否定和禁止，而应该认真地观察孩子，找出他之所以感兴趣的原因，接受并顺势去引导他们，这样才能有积极正面的反馈。

目前，日本出版了越来越多与学习有关的“便便书”。除了上文提到的便便练习册，还有著名绘本作家五味太郎从科学视角写的《大家来大便》等。只要成人有不断了解和观察孩子的欲望并积极思考，即使是便便，也能成为优秀的教材资源。

男孩成长中隐藏的线索

- 克制住责备孩子的心情，尽量表现得平静。
- 与孩子一起阅读关于“屎尿屁”的绘本。

哥哥和弟弟，都好喜欢“便便”！

男孩养育要点 2

忍住想要帮忙的冲动
——让孩子自己做比帮忙更重要

即使非常想上手帮忙，也一定要忍住！

这里很重要

★ 妈妈为男孩做的事情太多了。

★ 等待孩子自己尝试很重要。

★ 在等待的时间里，孩子正在进行头脑风暴。

怎样才能只帮一半忙？

幼儿园里的敏树是个勤劳机灵的小朋友，做所有事都又快又好，但是在妈妈面前，就像完全变了个人似的。让妈妈帮着穿外套，让妈妈帮着背书包，让妈妈帮着穿鞋……总之，所有的事情都让妈妈来做。

我就这事跟他的妈妈聊过，他妈妈回复说："哎呀，敏树还什么都不会呢。"听到我说敏树在幼儿园里都能自己做这些事时，她惊讶极了。她一直觉得自己的孩子还不能独立完成这些活动呢。

有很多像敏树这样，在妈妈面前什么都不做，但实际上什么都会做的孩子。最可怕的是有些孩子到了最后真的什么都不能独立完成。当孩子练

只帮一半忙

瓶盖只帮他拧一半
妈妈，你帮我开一下
好的
剩下的一半交给孩子自己
开了
袜子只帮他套一半
妈妈，帮我穿袜子
好的，小脚伸出来
剩下的一半交给孩子自己
真乖，真乖！
妈妈，我有个问题
是什么？
回答问题只给他提示
!?
为什么小猫猫要“喵喵”地叫？
这个嘛……

习自己穿衣服、自己穿鞋子的机会都被善意地剥夺后，那么随着年龄的增长，他们也许都再也学不会做这些事情了。

我所说的帮一半忙，既指总量上应尽量少帮，也指每次不要替孩子把事情全做完。比如，当孩子请求帮忙开瓶盖时，就可以帮他拧松，但不要全打开；当孩子请求帮忙穿袜子时，就可以帮他把袜子套到脚尖上，剩下的让他自己完成；当孩子不清楚某个问题时，就可以给他一些提示，但不要直接告诉答案。

也就是说，给孩子一些留白的空间，让他们自己去尝试，去思考，去寻找答案。

“等待”比帮忙更重要

在第1章中我们提到过，处在敏感期的孩子有着家长所不明白的顺序准则和固定习惯，因此即使像穿鞋子这种小事，都会格外花费时间。有些孩子一定要先穿右脚，有些孩子一定要站着穿，有些孩子穿的时候不能用手，等等，他们在穿鞋子这件事上也有着各种各样的小怪癖。

这些只存在于孩童敏感期的小怪癖，实际上却正是孩子发芽成长的种子。我们大人在不知不觉中已经能够很迅速地穿好鞋，早就忘了自己在孩童时代那些层出不穷的创意了。

有些家长没有足够的耐心，一下夺过孩子的鞋子，快速地给他们穿上。殊不知，这剥夺了孩子创造性地解决问题的机会。甚至有时候，他们会非常生气，甚至大哭大闹，因为这破坏了孩子内心的秩序。

过往许多年中，我见过无数的爸爸妈妈，也非常清楚作为成年人的大家有多忙碌。所以家长们，哪怕1分钟、2分钟也好，希望孩子的动作能快一点再快一点。特别是早上，大家的上班时间都是固定的，做的所有事情都必须争分夺秒。

我非常理解大家的这种心理，但即使这样，仍然希望在可能的情况下，家长尽量多给孩子一些时间，让他们独立完成一些事。比起总是手把手地帮孩子把鞋子穿好，在尽量早的阶段锻炼孩子，也许能够在今后的日子里轻松无数个小时。

对于家长来说，等待比亲自上手帮忙更需要忍耐力。**给予孩子足够的时间，孩子才能逐渐培育、实践起自己的顺序准则、固有习惯。**同时，他还能获得处理身边事情的能力以及创造性解决事情的能力。

男孩成长中隐藏的线索

- 帮忙只帮一半忙。
- 尽可能地等待孩子自己完成某种行为。

男孩养育要点 3

共享行程——在固定的时间，做固定的事情

把行程安排也告诉孩子吧！

这里很重要

★ 孩子希望每天都能按照固定的日程生活。

★ 小孩子没有星期的概念。

★ 活用日历，让每一个行程都可视化。

共享行程

孩子比大人认为的，更执着于每天的日常行程。**特别是处于敏感期的孩子，他们有着很强的秩序感，强烈地希望每天在固定的时间做固定的事情。**

用成人的话来说，就是他们希望过“有规律的生活”。我相信，大家都在各种场合中听说过规律生活的重要性。而蒙台梭利教育法中说到的规律生活，不仅是为了孩子的身体健康，还为了培养处在敏感期的孩子的秩序感。

幼儿没有星期的概念。所以，从星期一到星期五每天去幼儿园的小朋

亲子共享行程

早上好，起床了
妈妈
每天在固定的时间做固定的事情
利用日历，帮助孩子确认行程
6月
日 一 二 三 四 五 六
今天是星期五，明天是星期六
是的！
→7:00 起床
7:30 吃早餐、准备出门
8:50 出门
9:00 ——→ 14:00 幼儿园
14:30 回家
15:30 吃点心
→17:00 玩耍
18:00 吃晚餐
19:30 洗澡
21:00 → 睡觉
利用孩子对秩序敏感的特征，帮助孩子养成规律健康的生活作息
明天是星期六
好呀好呀！
我们一起去公园玩吧
哈哈哈
亲子之间共享行程
哇

友，到了星期六，突然听到爸爸说要一起出门去玩，他只会感到疑惑。有些孩子甚至会闹起来：“不要，我不要出去！”

这个反应不是因为他讨厌和爸爸一起出门，而是因为这件与平时不同的事情，打破了他心中已经形成的习惯。

同理，还有不愿意去课外班、事到临头突然反悔等表现。比如，孩子每星期三下午4点都会去游泳，但“每周三要去游泳”这是家长能理解的事情，却不是孩子习惯的行程。往往这时候，家长就会疑惑：为什么突然就不愿意去游泳了呢？

为了防止出现这种突然的抗议，我的建议是，在平时生活中就提前告知孩子后面的计划。

“明天是星期六，你不用去幼儿园上课，爸爸也不用去公司上班，我们一起去公园玩吧。”像这样，提前将信息分享给孩子。刚开始，孩子肯定会迷惑，但不要紧，慢慢地他就能意识到星期六是和平时不一样的。

去课外班也是一样。在去课外班的前一天晚上或者当天早上，提前和孩子说清楚：“明天（今天）是星期三，是我们去学游泳的日子，下午4点要一起去游泳池哦。”可以一边在日历上画圈一边对着孩子说，也可以在有课外班的那天的日历上贴上行程单，告诉孩子这一天是不同的。

反复进行这样的提醒后，这些日程会被孩子纳入习惯的一部分。而当这些事情变成习惯后，孩子就会开心地去重复做这些事，（只要他不讨厌课外班）就不会抗拒去上课了。

关于与孩子共享行程，我这里有一个小故事。

小健今年5岁。有一天，他要和妈妈一起外出。他很高兴，比妈妈先一步冲出了家门，然后突然跑了起来，结果不知道跑去了哪里。因为这事就发生在幼儿园附近，他的妈妈非常着急，赶紧跑过来问："我们家孩子在这里吗？

班主任听说了事情原委后，建议小健妈妈先去车站看一下。因为小健妈妈事先跟小健说了，今天要坐电车出门。

果然不出所料，小健正在车站等着妈妈，看到妈妈之后还说："妈妈，你好慢啊。"对于小健来说，他只不过是已经知道了今天的行程计划，所以提前跑过来了而已。在这里想提醒大家，像这样提前共享行程也有可能会发生一些意料之外的状况，请务必稍加注意。

生活变得规律之后，"不要！"也消失了

对于孩子来说，每天都在固定的时间吃饭、洗澡、睡觉等，可以让他们的心情保持愉悦。假设孩子一直是在晚上7点吃晚饭，8点洗澡，9点睡觉，长此以往就形成了生物钟，就不需要家长每次喊"7点了，快来吃饭"，而是孩子揉着饿扁了的肚子跑过来问"还没到7点吗"。

我的孩子一直有下午3点吃点心的习惯，这也是为了防止孩子养成断断续续不停吃东西的坏习惯。

如果说前天是晚上6点吃晚饭，昨天是7点，到了今天变成9点，这样不规律的生活，他们会感到混乱，无法形成好的生活习惯。这样，即使妈妈再怎么喊"快来洗澡！""快睡觉啦！"等，孩子也只会觉得这些都是"突然的命令"，从而心生抗拒。

请仔细回想一下，你的家里存在这样的问题吗？有一些孩子讨厌洗澡，有一些孩子讨厌睡觉，背后可能都有类似的缘由。

我建议，对于那些总在日常生活中说“不要”的孩子，首先帮助他们将日常生活程序化。如果你的孩子正处于“敏感期”，那更应该赶快尝试一下，先帮助孩子在心中确立一张可靠且规律的日程表吧。

早点叫醒不愿意睡觉的孩子

孩子晚上总是不睡觉，绝对可以列入妈妈们最头疼的事情清单之列。其实，这个也可以通过对日常生活程序化来预防。

晚上不睡觉的孩子，大致可以归为两类。一类是晚睡晚起，另一类是白天睡多了导致晚上睡不着。如果你的孩子是晚上12点睡、第二天早上9点起的“晚睡晚起派”，那么请下次在早上7点——提前两个小时叫醒他。刚开始肯定会很心疼孩子，但也请硬起心肠来。因为当天早上提前叫醒孩子，他就不会再有精力撑到晚上12点了。坚持一个星期，每天早上7点就把孩子叫起来，那么孩子应该能快速回归正常的生活节奏。

另外，还有午睡睡很久的孩子。如果他晚上怎么都睡不着，那就试着把午睡的时间缩短吧。孩子睡着的时候简直就是天使，他睡觉的那段时间对于妈妈们来说，是短暂而奢侈的闲暇时光。即使这样，也请忍耐一下，提前叫醒他，这样才能保证他在晚上早点入睡。

保证所有事情都是“一如既往”

处在敏感期的孩子，要保证其生活是有规律的。在我的家里，我不仅让孩子在固定的时间吃饭、洗澡、睡觉，连每次洗澡时的前后步骤都是相同的。

首先，我先给自己洗澡、洗头，顺便等着两个儿子进来，接着三个人一起舒舒服服地在浴缸里泡澡。两个儿子都不喜欢洗头，但是他们明白“和妈妈一起泡澡后，就要洗头”这个固定步骤，在几次尝试后，之后每一次都洗得很顺利。**即使是讨厌的事情，一旦成为每天的固定习惯后，他们也就能够欣然接受了。**

洗完澡后，我们做一系列事情的顺序每天都是固定的。我们会一起吃少量的水果，然后刷牙，接着一起看一会儿绘本，最后上床睡觉。这在某种意义上来说，也是一种“睡前仪式”。

“做完这个，接着做这个，最后再做这个，就可以睡觉了。”一旦孩子形成了这种认知，就完全不会再抗拒睡觉这件事情。当完成所有这些行为后，他们还会自觉地钻进被窝里准备睡觉。

而与女孩相比，男孩的秩序感，即这种小固执表现得更加明显。所以，将孩子回家后直至上床睡觉前的所有行为固定化、日常化，将它们变成一张每天必行的日程表，那么我相信，你和你的家人应该能够更轻松地度过夜晚的时光。

有着良好生活习惯的孩子，也有着良好的学习习惯

长久地在这种固定化生活模式中生活，孩子慢慢地体悟“习惯”这一概念。

洗澡的习惯，刷牙的习惯，这些习惯一旦养成，就会成为孩子每天必须要做的事，成为每天生活的一部分。而这些习惯，又与孩子今后在课堂学习、课外学习上好习惯的养成有着莫大的联系。

比如说，将每天做作业的时间规定成6点到吃晚饭之前的时间段，那么做作业这件事就会成为他们每天日常生活的一部分。钢琴课等课外课程

也是同样的道理。不需要让孩子在每次上课前拼命练习，只要规定好固定的时间，从星期几的几点开始练习就可以了。

当然，不是所有事情都能够按照既定计划去做的。有时候因为身体不适，有时候心情不佳。但有一点是毋庸置疑的：**有着良好习惯的孩子和缺少良好习惯的孩子，其差距是巨大的。纵观那些长大后取得了重大成就的人，无一不是自发地将学习和练习日常化的人。**

某学校小学的一个男孩，在家长的熏陶下特别喜欢打棒球。从小学三年级起，他都会在每天早上6点准时开始练习。即使在没有家长督促的情况下，他也能自发进行练习。按照他本人的说法是：每天不练习棒球的话身体不舒服。现在，当地各支球队都向他抛出了橄榄枝。他最强大的武器是什么？就是自觉地将练习化为习惯、将习惯化为优势。

男孩成长中隐藏的线索

- 将行程与孩子共享。
- 将孩子起床后至睡觉前的所有事情，按照固定的顺序进行。

男性有独特的偏好

男性对某些事情有着特别的偏好
只要好好利用，就能变成良好的习惯和优势
做好出门的准备
按照从上到下的顺序
慢跑
挥棒
早上的自主训练
这样才能感到愉快
据本人说，习惯了的话，要是不做浑身不舒服
怎么这么喜欢吃同一种呢……
这个拉面最好吃啦！
您常吃的这个！
爸爸好帅！

男孩养育要点 4

让他帮忙——使用“置换法则”

尽情地让他们帮忙吧！

这里很重要

★ 孩子开口说要帮忙的时候，正是培养他才能的绝佳机会。

★ 如果这是孩子无法完成的任务，那就给他换一个。

★ 不管孩子帮忙的结果如何，绝对不能打击他。

（作为家庭成员，也想出一份力）

我们在第1章中讲到过，孩子开口说要帮忙，正是他们处于敏感期学习社会规范时的表现之一。因此，我们作为家长，必须要珍视孩子想要帮忙的心意。

作为家长，我们都期待着自己的孩子将来能大有所成，能自力更生，能在社会上取得一份不俗的业绩。

既然这样，那么在孩子还未进入社会之前，就让他们在自己的小家庭里，先作为家庭的一分子发光发热吧。这也是为他们今后进入社会提前做的模拟训练。

让孩子尽情地帮忙吧

现在吗?
妈妈，我想帮你擦地板
非常想要帮助妈妈的儿子（4岁）
不要破坏孩子心中善意的"小嫩芽"
嗯，好的!
地板晚点擦，能不能先帮我擦下桌子呢?
啊，好啊，那谢谢你了
妈妈，我想帮你打鸡蛋!
多给孩子一点包容
妈妈，我打好鸡蛋了!
哈……哈，谢谢啊
碗里有蛋壳
刚开始打鸡蛋，碗里全是蛋壳
之后又过了两年
现在已经非常熟练了
之前的忍耐都有了回报
真的非常好吃!
打蛋小能手
好吃吗?
超好吃的蛋包饭

孩子帮了倒忙是非常常见的事

当然，刚开始孩子只会帮倒忙，反而增加家长的工作量。帮忙做饭，他把菜掉在了地板上；帮忙扫地，垃圾变得更多了；帮忙洗衣服，刚甩干的衣服又变湿了……因为孩子总是帮倒忙，所以很多家长会选择干脆不让孩子插手。

但是，强烈地想要给他人帮忙是孩子在敏感期特有的心理冲动，一旦过了这个时期，即使他们变得有足够的能力做好每一件事情，也少了这种自发地想要帮忙的意愿。

孩子小时候这份想要帮忙的纯粹心理非常珍贵，如果家长总是不断地予以否定，那么他们会渐渐地认为“我不需要去帮忙”。直到孩子长大了，家长认为他们总算到了可以帮家里做些力所能及的事的时候，但此时孩子的反应往往是消极的：“为什么要我做？”“不要。”“我不想做。”之所以会出现这样的局面，往往是因为孩子在强烈地想要帮助他人的年纪被不断地否定了。

其实最重要的并不是孩子帮忙后达成的结果，而是他想要帮忙的想法。只有孩子从小体会被肯定的、积极的经验，才会由衷地认为“帮助他人是一件快乐的事情”“应该多多地帮助别人”。

运用“置换法则”请孩子帮忙

为了能让孩子开心地帮忙同时不加重妈妈的工作量，在此我推荐我家正在使用的**“置换法则”**。

前几天，我正准备做晚饭，小儿子兴冲冲地过来说要帮我擦地板。

这时我身边没有擦地板的拖把，我又要时刻看着灶台，就对他说："桌子太脏了，你先帮我擦一下桌子吧。"然后我把手边的一块抹布递给了他。他很满足，开心地把桌子擦得干干净净。

有时候洗完衣服，大儿子自告奋勇地要来帮忙晒衣服，我就让他帮忙把衣服从洗衣篓里拿出来。他每次都会一边在嘴里念叨着"这是爸爸的衬衫，这是妈妈的……"，一边高兴地把相应的东西递给我。这样，既满足了他想要帮忙的心愿，我自己又不需要再弯腰去一件件拿衣服。

类似这样，如果儿子想要用吸尘器清理屋子，我就让他帮我做最后的收尾工作；如果儿子想要帮我叠衣服，我就让他帮我把毛巾叠好。你也可以试着采用这种置换法则，让孩子做一些力所能及的事情，圆孩子想要帮忙的心愿，使他们充分感受到成就感。

前面也再三说到，从小就让孩子帮忙做事，是为了培育他们"帮助他人的意愿"。所以，即使孩子最后做得不好，也不能抱怨他们帮倒忙。

孩子认真地帮妈妈把毛巾叠好了，妈妈却说："怎么叠得乱七八糟的！"并且当着孩子的面重新再叠，那么孩子的自尊心和自信心必然会受到伤害，最终失去信心和干劲。如果你真的觉得孩子叠得不好，那么请在孩子睡着之后再重新叠。当然，如果你能放松心态，觉得毛巾稍微乱一点也没关系，宽容地处理这件事就更好了。

最后，无论结果如何，请千万不要忘记向孩子道一声谢。**孩子之所以这么努力，是因为想得到一句"谢谢"带来的成就感和参与感。**

之前提到的叫晴仁的小朋友，非常喜欢看妈妈做饭。他从4岁开始，就帮妈妈做各种蛋类食物。

刚开始打蛋的时候，他拿不稳，鸡蛋经常掉在地上摔破了。妈妈在旁边看着觉得很浪费，却没有制止他的行为。逐渐地，鸡蛋掉落的次数变得越来越少，一年后他再也没有摔过鸡蛋了。不过，又出现了新的问题：他在打鸡蛋的时候把蛋壳混进了碗里。然而，到了6岁的时候，晴仁已经学会了协助妈妈做黄油炒鸡蛋。碰到早上妈妈忙得不可开交的情况，他就利索地帮忙打几个鸡蛋，搅拌均匀，再倒一点盐、胡椒，在妈妈的看护下，甚至能用小小的煎锅给自己做煎蛋！

晴仁就是一种典型，刚开始时什么都做不好，反而给妈妈各种添乱，但是随着练习次数的增加，不知不觉中就能做得像模像样了。到了后来，他终于真正地帮了妈妈的忙，减轻了妈妈的负担。

给他人帮忙是孩子走向自立的第一步

通过给家里人帮忙，孩子可以学会做家务的技能，这是他们迈向自立的重要一步。上文提到的晴仁妈妈就说："不管怎么样，至少他长大后一个人住，可以给自己做饭吃，照顾好自己，我会少了很多担心和顾虑。"

什么是自立？并不是说进入社会开始工作就是自立，还要求随着知识、经验的增长，这个人不论在工作还是生活上都能独当一面。

就像有一个学生好不容易考进了第一志愿的大学，一个人住宿舍开启了独立生活的阶段。但是早上却经常无法起床，导致上学迟到，甚至错过重要的考试，最后竟然因此留级了。这件事听起来实在太不可思议了。但是，如果这个学生以前在家里的时候，每天都有人来叫醒他，所有事情都有人帮他做的话，那么有这样的结果其实也不会令人感到意外。

有些家庭认为，小孩稍微懒一点也没事，也不用帮忙做家务。这是不正确的想法。**帮忙做家务是孩子学会社会规范的第一步，不管男孩还是女**

孩，都是非常必要的。

男孩成长中隐藏的线索

- ▶ 灵活使用置换法则，让孩子从小开始帮忙。
- ▶ 即使孩子帮忙的结果不尽如人意，也不要忘了向孩子道谢。

男孩养育要点 5

一起去超市吧
——让孩子参与购物，体验沉浸式学习

和孩子一起去超市买鱼吧！

这里很重要

- ★ 不要带孩子去海洋馆，去鱼摊吧。
- ★ 孩子不愿意吃饭，那带他一起去买菜吧。
- ★ 通过接触，让孩子体验沉浸式学习。

为什么不好好吃饭？

“我家孩子总是不好好吃饭……”经常有妈妈因为孩子的生活习惯不好，来找我询问建议。而其中，“不好好睡觉”和“不好好吃饭”是被提及最多的两个难题。

家长每天费尽心思做各种精美的宝宝餐，可孩子还是吃不了多少。孩子吃得很少，无法从饮食中获取必需的营养，恐怕会影响孩子的成长发育。孩子只有吃得健康有营养，吃得饱饱的，才能健康活泼地成长。

那么应该怎么办呢？首先，请跟着我来回想一下，你家孩子的生活规律吗？孩子是在固定的时间吃点心吗？他有没有趁着加班晚归的爸爸吃饭

在购物中进行学习

每天带着儿子去买菜
能帮我拿下玉米吗？
哇，毛茸茸的
有效的沉浸式学习
青椒好光滑啊
再多装几个
散装区
比起海洋馆
这个是鲷鱼哦
哇，是蓝蓝的粉粉的
这个是沙丁鱼
还是鱼摊更合适
今天最推荐鱿鱼！
妈妈，好神奇，鱿鱼长得好像怪兽！
买这个
买这个
这个鱿鱼、玉米还有青椒，都是我买的哦
哇，好厉害，都很好吃
鱿鱼刺身
拌青椒
鱿鱼圈
在日常生活中传授知识、教导用餐规范
吃饱了！

时跟着蹭了一些呢？前面我们也讲到过，孩子的生活起居是否规律对他们的成长非常重要。如果孩子在除了早、中、晚以及下午3点钟的点心时间外，还另外再吃饭或零食，那么，首先就要改掉这个习惯。在以往的经历中，我见过太多哭闹着不愿意吃饭的孩子，但只要把吃点心时间限定在上午10点和下午3点，或者干脆只限定在下午3点后，孩子就变得能吃更多的饭了。

这些孩子并不是因为食量小而真的吃不下饭，而是因为总是不断地吃零食，肚子根本不饿。有时候，不仅吃不下饭，不规律的饮食还会导致消化问题。所以，要保证孩子每天能有规律地吃饭、有规律地吃零食，问题就可以解决大半。

如果孩子不爱吃饭，那就带他去买菜吧！

如果孩子的生活一直很规律，但就是不愿意吃东西的话，那么我建议可以带着孩子一起去买菜。特别是那些对物品所有权正异常敏感的孩子，他们对于自己买回来的东西，有着强烈的挚爱之情。

因为工作太忙，最近有越来越多的家庭选择在网上超市或者购物小程序下单买菜，不过我还是更推荐带着孩子去实体店买东西，使购物成为孩子的一种学习经历。孩子在超市里，自己拎一个小篮子，挑选喜欢的水果、蔬菜放进去。通过这个过程，他们会生出“啊，这是我自己挑的土豆呢”的成就感，意识到这是属于自己的东西。

我最推荐的是带孩子去批发市场或鱼摊。我所在的小镇有地下街道，里面有几家这种小商店，我经常带着儿子一起去那里买东西。我说：“儿子，帮我选几个苹果吧。”他就帮我选好，并把钱递给老板。**孩子喜欢自己**

付钱，觉得很有意思。这也能进一步刺激他生成对物品所有权的概念，明白“这是我付钱买的苹果”。

当妈妈用孩子“自己买的东西”做饭前，还可以让他们亲自摸一摸、闻一闻。像土豆，就可以让他们帮忙削皮；像苹果，就可以在削皮或切块之前，让他们仔细闻一闻苹果是否有香味。**这种学习既能够刺激孩子的所有权意识，又能让孩子调动所有感官去充分感受食材**。在经过这两个步骤后，大部分情况下，他们都愿意吃下自己买回来的东西。

我之前就职的蒙台梭利幼儿园里，从1岁的特小班开始，就有**“食育”**的课程。在课上，我们让孩子用自己的手去触摸食材，感受手感，细嗅味道。

春天，让孩子剥蚕豆；夏天，让孩子削土豆；秋天，让孩子洗芋头；冬天，让孩子扒白菜。在做饭之前，让孩子加入到准备食材的行列，等厨师把饭菜做好后再吃下自己刚才参与处理过的食物，就是“食育”课程的内容。

同时，这也是蒙台梭利教育法中非常重视的**“指尖训练”**的内容之一。像剥葡萄皮这件事，就非常适合让孩子来做。剥葡萄皮这个活动既锻炼了手指的灵活度，又能让他们吃到美味的葡萄，一举两得，简直没有比它更合适的活动了。

我们家阳台上种了番茄。番茄本来是小儿子很讨厌的蔬菜，但因为是他自己参与种植的，所以他也愿意吃（见插页第VI页）。

比去海洋馆更棒的是……

一直到小学二三年级为止，孩子都非常喜欢“触摸”。在蒙台梭利教学法中，就有一种叫“触觉板”的教具。它可以让孩子通过用手触摸感受什么是“光滑”，什么是“粗糙”，主要用来促进孩子的触觉发育。

触觉培养在家里亦可以进行。比如买回家的鱼，就可以让孩子随意地触摸。超市里的鱼大都是切成一段一段的，但鱼摊上卖的基本都是整条的，所以我个人更推荐去鱼摊购买。

最近，我们常去的鱼摊老板还会教我儿子分辨哪个是竹荚鱼，哪个是沙丁鱼。前几天，他主动问我儿子：“想看大鱿鱼吗？”说着，从里面捧出一条体型很大的鱿鱼。这条鱿鱼着实不一般，两个儿子在回家的路上，一直叽叽喳喳地讨论个不停。

或许有些爸爸妈妈觉得做这些事情比较麻烦。但我想，你们周末应该都会带小孩去动物园或者海洋馆的吧？

从沉浸式学习的角度来说，动物园和海洋馆当然是非常好的选择，但是相比之下，在鱼摊上孩子不但可以看，还可以亲自买、用手摸，这既是一种沉浸式学习，也是一种食育。

实际上，带着孩子去动物园走马观花转一圈，即使有很多的动物，孩子也不会有太深刻的感触。以前有家长曾带着孩子们去大型动物园远足，最后问他们的感想：“你们最喜欢哪种动物？”“豚鼠！”大家毫不犹豫地回答。比起狮子和大象这些大型动物，还是在可接触区域将豚鼠抱在膝头轻轻抚摸，对孩子来说更有冲击力，印象更深刻。所以，要带孩子去动物园，最好选择诸如“自然文化公园”这种小型动物园或公园。那里没有大型肉食动物，但是有能亲密接触的豚鼠，孩子每次都玩得心满意足。

即使不去动物园或水族馆，沉浸式学习也可以在家附近的商店和超市等地方完成。**只要孩子愿意开口问，店里的叔叔阿姨都非常愿意教授关于鱼的知识、水果的知识、蔬菜的知识，他们是最渊博的老师。**日本的中考试卷中曾出现过“青椒截面图”的相关题目。这绝对是填鸭式教育中无法获得的知识点。

如果我们每天都能在生活当中自然地学会生物、食物等相关知识，学习难道不是一件简单的事吗？

男孩成长中隐藏的线索

- 因为食材是孩子自己买的，所以他们的食欲自然会更好。
- 去实体店买东西，是非常高效的沉浸式学习方法。

男孩养育要点 6

尊重男孩喜欢的事
——激发兴趣，鼓励他们自由探索

让孩子自由探索吧！

这里很重要

★ 孩子拥有自主成长的能力。

★ 让孩子自主选择。

★ 反复做同样的事情，好的创意会自然产生。

孩子明白什么是应该做的

在蒙台梭利幼儿园里，孩子们要做的“工作”主要是手工。这是因为处于对指尖运动敏感时期的孩子，清楚地意识到自己想要做一些事，以锻炼自己的手指。

这个时期的孩子明白自己现在想要发展哪一方面的能力。所以，他们从1岁半~2岁左右的时间里，就开始着迷使用自己的手指去做手工。

在本书第47页中，我们讲到过人类主要使用大拇指、食指和中指来做某些工作。在手工课程时间里，1岁半~2岁左右的孩子自发地选择使用三根手指的手工，是因为他们的内心有着强烈的冲动，希望能够熟练地使用

孩子会自主成长

小勇迷上了折纸
……
最开始是这个水平
老师你看，我折了一朵郁金香！送给你！
做好了！
慢慢地越来越厉害
然后
哇
这只纸鹤会动呢
最终
嗯，这里得这个样子
这不就是一个正方形吗？
进入科学领域！
能不能用这种方式做出可随身携带的太阳能电池板呢？
只要攥住一个角，它就能哗一下展开

这三根手指。

创造合适的环境，让孩子可以不断重复做某件事

每当孩子学会了做某件事，家长就会着急地赶进度，继续教他做另外一件事，生怕自己家的孩子在学习新技能方面落后于人。学会搭大块积木后，就让他们去搭中块积木；刚学会搭中块积木后，就让他们搭小块积木。为了培养孩子的能力，促进孩子成长，不断提高难度。

然而，对处于敏感期的孩子来说，重要的是不断重复地去做某一件事，直至自己满意为止。在这个过程中，孩子勇敢试错，不断开动脑筋，不断思考出新的创意。这样的重复才能使得孩子的能力得到飞跃式发展。

如果家长总是非常着急，看到自己的孩子已经学会，就开始提高难度，让孩子去挑战新的关卡。那么，孩子闯过这道关卡时是怎样的水平，今后就会永久地停留在这个水平上。因为，孩子根本没有时间去反省、巩固并创新。

另外，从孩子的心理来说，他在不断挑战新难度的过程中，偶尔会想起之前做过的事情。这时候，家长就会说：“哎呀，那个你都会了，就不用再去做了。那么简单的事，再做就是浪费时间了。”但是，孩子有时候就是想做一些简单、喜欢的事情来休息一下。所以我建议，这种时候家长不要强制要求孩子进入下一个阶段，在边上默默守护即可。

4岁的纯平在差不多半年的时间里，一直不断地用吸管做手环玩（见插页第I页）。

最开始，他只能在吸管的一两处嵌上装饰纸（①）。通过不断练习，所嵌的装饰纸不断增多（②）。到后来，他做作品时已经有了层次意识（③），

还特地为圣诞节编过一个应景的手环（④）。

在不断重复做手工的过程中，纯平不但手指变得越来越灵活，还会开始考虑配色、设计等元素，会考虑到“圣诞节到了，那应该做这样的手环”，会下意识地去为某个事件、某个节日创作作品。

如果大人认为纯平已经能够把绳子穿过吸管，接下来就应该尝试别的项目，那么他永远不会有从②到④的创新。也就是说，大人的武断可能会剥夺纯平开动脑筋、进行头脑风暴的机会。

从小接受蒙台梭利教育法的七段棋士藤井聪太，在很小时就一直在重复做一种叫“心型包包”的编织游戏。我相信每个孩子都能够通过不断重复相同的作业，开发出属于他自己的内在能力。

至于最终到底能不能做到这一点，要看周围的大人是否给了他们合适的环境。**对于孩子喜欢做的事情、热衷做的事情，作为家长请不要焦虑，让他们尽情地去尝试吧。**

男孩成长中隐藏的线索

- 让孩子尽情地做自己喜欢做的事情。
- 家长不要随意提高孩子所学技能的难度。

男孩养育要点 7

从经验中学习——鼓励男孩正视失败

即使知道孩子会失败，也请不要提前剧透！

这里很重要

★ 男孩可以从经验中学到很多。

★ 小时候的错误可能在今后的生活中起到意想不到的作用。

★ 家长要容许孩子的失败。

错误也可能有意想不到的作用

有很多男孩是一边犯错，一边学习。比如，妈妈告诉孩子们："这个很烫，不要摸。"也许女孩听说后就不摸了，但是旺盛的好奇心使男孩子不管三七二十一，先上手摸了再说。

估计他们都想亲自确认一下这个东西是不是真的很烫吧。有一部分男孩，如果不亲自去感受一番，是永远不会罢休的。

我们家的大儿子也属于这种类型。所以，他经常犯错。

他现在3岁，沉迷于按按钮这个动作。我们出门坐电梯时，肯定是他

从失败中学习

警报器
这个按钮不可以按
跟男孩说"这件事不能做"
铃铃铃铃铃
男孩肯定要去尝试
铃铃铃铃铃
发生了什么事?
对不起!对不起!
能治这个毛病的
只有犯错
能管住好奇心的药
这个很烫，不能碰哦
啊，好烫!
妈妈
似乎还没有

按楼层按钮；路上碰见了其他按钮，他也都要过去按上一按。为了安全起见，在不用时我都会直接关闭燃气灶的气源。我抓住机会就会再三告诫他：“不能随便按！”但每次一看见按钮，他就把我的告诫忘到九霄云外去了。

前几天，他的魔爪伸向了公寓楼里的警报器。保安公司的工作人员很快找上门，最后只能是我带着他去道歉……我完全能猜到他内心的想法：“哇，带着罩子的按钮，简直太帅了！好像很好玩啊！”结果呢，按下按钮后，听到尖锐的警报声突然响起来，他自己都被吓坏了。

也算是“因祸得福”，自从这件事情发生后，老大就不再随意乱按按钮了。我想，这里面既有我严厉批评的功劳，也有刺耳警报声在他心里留下的不灭阴影的影响。经过这样的错误之后，他终于切身理解了按钮是不能随便按的。

当我们告诉孩子“这个按钮不可以按”，大多数女孩能马上明白并遵守，而男孩基本上很少能做到。作为家长，只能在能够维护的范围内，允许孩子多多试错。像这次按错按钮的情况，虽然说不是有意为之，但确实给邻居们造成了困扰。

唯一庆幸的就是老大在犯下更大的错误（比如按下电车的紧急停止按钮）前，总算是悔悟改正了。

不要回避失败

为了避免孩子犯错、失败，家长似乎经常利用已有的经验优势，将这些事都绕过去。但这种做法可能会剥夺孩子珍贵的学习机会。**每个人的成长过程都应是仅有一次、独一无二的，特别是对通过试错不断学习的男孩**

来说，不断尝试、不断犯错是他们必须经历的学习过程。

比如穿衣服这件事。孩子要自己穿衬衫，结果把前后弄反了。妈妈在一边看到了，说："哎呀，你穿反了。"然后伸出手帮他把衬衫正过来。可是这样，孩子永远都没有办法学会区分衬衫的前后面。

孩子只有在穿错后，会开始思考："为什么衬衫从外套下面钻出来了？"姐姐看到了也会过来说："衬衫露出来了！"通过这些体验，他才会发现似乎确实有什么不对劲。

学习也是同样的道理。比如说孩子正在学习写简单的字呢，家长突然出声说有个笔画写错了；孩子正在做算术题呢，家长突然出手帮他把错误改正了。这样的话，孩子直到最后都不会明白到底哪里出了问题。

孩子很讨厌在做作业的过程中被人打扰，因为注意力被打断了。如果孩子在学习过程中总是坐立不安，注意力不集中，不如回想一下，你有没有曾经这样介入过。

从错误和失败的经验中，孩子可以学到非常多的东西。甚至小时候多多犯错，可以帮孩子获取更多经验教训，以此避免他在今后的工作生活中出现无谓的错误。

男孩成长中隐藏的线索

- ▶ 让孩子在小时候尽情体验，勇于试错。
- ▶ 从失败中可以学到很多宝贵经验。

男孩养育要点 8

允许男孩挑战
——偶尔尝试一下大人才能做的事

他要是想用针和熨斗，那就让他尝试吧！

这里很重要

★ 越是危险的事，越该尽早去尝试。

★ 让孩子用适合手掌大小的实物。

★ 大人要先做好示范。

（提前做好防范措施）

在蒙台梭利幼儿园里，开设了缝纫的课程和使用熨斗熨烫衣物的课程。前者是3~4岁小朋友喜欢的，后者是4~6岁小朋友喜欢的（见插页第IV页）。

在缝纫课上，小朋友会在老师的指导下，先用小锥子在厚纸板上钻出小孔，然后用针将线穿过去。心灵手巧的孩子从3岁开始接触缝纫，到5岁左右，兴趣浓厚的孩子甚至可以完成相当高难度的刺绣工作！

而熨烫课上使用的都是小熨斗，孩子的力气刚好可以拿住，主要用它来熨平手帕和小毛巾。

蒙台梭利幼儿园中的兴趣课程主要是为了培养孩子在日常生活中的自

什么时候让孩子挑战自己？

立能力。

像针、熨斗等工具，在许多家长看来，都极度危险，是不应该让孩子碰的东西。事实上并非如此。首先，在每次使用前老师会再三地告诫小朋友：如果错误地使用这些工具，将会非常危险。其次，每个工具都会先由老师亲自示范用给孩子看。

示范分两个步骤。先空手演示，教导孩子手指应该怎么动。比如说拿针，就是用拇指、食指和中指这三根手指捏住。接着再换上实物，老师拿着针非常缓慢地演示应该怎样穿缝。请记住，这里一定要缓慢，**缓慢非常重要。**为什么这么说呢？因为大人一般的速度在孩子的眼中都是“超高速”，稍微快一点都会眼花缭乱，根本记不住。

用实物演示的时候，不能再同时进行口头讲解。**因为孩子的眼睛和耳朵没有办法同时接收信息，此时让他们专注于“看”这个动作。至于口头讲解，在实物演示过后简单地补充几句即可。**

切实地按照这个顺序操作，危险就不会发生。当然，孩子操作的时候，我们大人肯定是要时刻陪伴在他们身边，但是不能毫无缘由地让他们停下手中的作业。

为什么要使用实物？

“只是要学习用熨斗的方法，完全可以使用玩具熨斗啊。”或许有人会这么说。但事实上，用玩具熨斗才会更加危险。

如果孩子一直使用不烫手的玩具熨斗，那么他就会觉得熨斗本身就是不烫手、不危险的东西。这样的话，他看到家里真正的熨斗，也会毫不犹豫地直接伸手。而使用过真正熨斗的孩子，绝对不会如此莽撞地去触碰熨斗。兴趣课堂上使用的小熨斗，其尺寸刚好适合孩子。用这种真正的熨斗告诉小朋友危险是何物，其实并没有很多家长认为的那么危险。

有一个上初一的男生从学校回到家后，感叹道："妈妈，真是没想到！"妈妈问发生了什么事，他说："学校上料理课，有个小朋友根本什么都不会。老师让我们握寿司，他倒好，直接捏成了年糕！听说他从来没做过料理。"

有些家长认为火很危险，刀很危险，整个厨房都很危险，所以从来不让孩子进来。可是，一个人即使已经长大成了初中生，冷不丁地被要求用菜刀，他拿刀的技术必然也会令人捏一把冷汗。

"君子远庖厨"，这个说法古已有之。但是纵观当代社会，大部分的家庭还是爸爸和妈妈相互分工，一起承担准备饭菜的工作 。等男孩子逐渐长大直至有了自己的家庭后，估计女方对他们厨艺的期待会更强烈吧，这压力可真不小呢。

即使他们不结婚，长大后自己一个人住，在没人帮忙的情况下连一顿饭都做不好，这对他们的身体健康也有着极大的影响。仔细想一想，比起教3岁的儿子体验做饭，应该还是教处在青春期的儿子做饭难度更大吧。

男孩成长中隐藏的线索

- 越是危险的事情，越应该尽早开始挑战。
- 要是一直想着"今后再做"，那么这个"今后"永远都不会到来。

第3章

这些说话方式，更有利于提高男孩的积极性

能激励男孩的话和绝对不能说的话

要说男孩的妈妈和女孩的妈妈使用哪个词的频率最不相同，那绝对是“不可以”。也不知道为什么，男孩会动不动突然跳出来，突然闹起来，突然不见了踪影，突然扔东西……面对这样的孩子，也难怪妈妈会经常性脱口而出“不可以”。

但是当“不可以”说得多了，男孩身上能够促进自身成长的宝贵“可能性”也会被抹灭。建议你在本周末，认真数一数自己每天到底说了多少遍“不可以”，再想一想都是在什么样的情况下说出来的。最后得出的答案，可能会令自己也非常吃惊。

男孩是强烈希望自己能被认可的。如果妈妈能够积极地评价他们，他们会在认可声中快速地成长。而且这种希望被认可的心情会一直持续下去。

在小学一年级的班里，有一个男孩喜欢在课堂上随意走动。班主任很生气，批评了好多次，但是男孩一直没有改掉这个习惯。

后来上了二年级，他的班主任老师换成了一位年轻的男老师。这位男老师不断发掘男孩身上的闪光点，让他示范如何做单杠、如何跳绳；让他做课堂发言人，将他的优点展现在众人面前。

过了一段时间，这个男孩已经不会在老师上课时随意走动了。**这是因为，他已经不需要通过消极的行为吸引大人的注意了，他知道自己的老师一直在关注着自己。**

时刻关注孩子，发现他们身上的闪光点，并给予积极的评价。一旦他们感到“被认可”“被关注”，很多不良行为就会自动消失，孩子也会有巨大的改变。

说话要点 1

这样评价男孩，他会更积极

真帅！

“什么话能够激励男孩？”

经常有人这样问我。看到自己的儿子总是懒散、不认真的样子，每个家长都会变得很焦虑。解决这个问题的答案其实很简单，那就是——真帅！

在之前17年的时间里，我一直工作在幼儿教育的前线，之后又成为两个男孩的妈妈，我确实感觉男孩其实比我们想象的更容易被激励。只要夸他们“真帅”，他们就能立刻生出干劲。对了，身为成人的爸爸们其实也是这样的。

这句“真帅”，在训练孩子技能的时候也有着神奇的效果。比如说，当我的大儿子学会自己穿内裤了，我肯定会说：“儿子，真帅，都会自己穿内裤了！”当他跌倒了能够自己站起来了，我肯定会说：“像个大哥哥了呢，真帅！”

男孩看到比自己大的哥哥们都能站着尿尿，就会非常羡慕：“好厉害，真帅！”他会一直用羡慕的眼光注视着对方。**朋友比年长者对女孩的影响会大很多，而男孩子的目光则一直向上追逐着比自己强大的人。**

男孩每天都梦想着快点长大，快点成为像哥哥那样的人。因此，当你想要表扬自家儿子的时候，可以说“真帅”，也可以说“像哥哥一样棒”。这两句话对他们有着神奇的魔力。

在幼儿园中，孩子们正进行集体生活和学习，有一个好处是，男孩可以接触到比自己年纪大的男孩们。所以，在进入幼儿园之前，家长也可以创造环境让他们尽量多地与其他小哥哥接触。

比起自己的家长，如果有一个大哥哥对他说：“你得用筷子吃饭。”那么我可以保证，他马上就会着急地学着实践起来。

小男孩崇拜大哥哥

男孩会崇拜比自己年纪大的哥哥
他是站着尿尿
哇！
他会用筷子
好厉害！
他会自己穿小内裤
小内裤
用筷子
上厕所
大哥哥真帅！
"真帅"是一个魔法词汇，能够点燃男宝的干劲！
不需要纸尿裤了呢，真帅
会用筷子了呢，真帅
都会站着上厕所了呢，真帅

说话要点 2

比起“好棒”，这句话更有用

做得很好。

我们喜欢说“真棒”，这甚至是很多人的口头禅。但“真棒”这个词，更加侧重于对结果作出评价，是对已经完成的事情、已经完成的作品作出的表彰性语言。

当然，表扬好的结果肯定不是什么坏事，但是作为家长，我建议尽可能地去关注孩子做某件事的过程以及在这个过程中他付出的努力。

如果只注重结果，就意味着孩子只有成功了才能获得表扬。然而，如果我们注重孩子在这个过程中的表现和付出的努力，就可以随时表扬孩子。

孩子拼尽了全力，可惜最后的结果还是不能令人满意。这个时候，如果家长能够给予积极的赞赏，那么孩子就会觉得自己还可以继续努力下去。这样才会有下一次的成功。

所以我建议，当孩子做完某件事后，我们换一个词去评价。不要说“真棒”，请说：

“做得很好”。

“做得很好”是一个带有“共情”意味的词汇，它背后的潜台词是：我知道你努力了，我看到了。因为感受到了孩子的努力，所以才会说出“做得很好”这个词。

孩子做了某件事，但结果不尽如人意，此时我们更要主动地告诉孩子：我看到了你努力奋斗的样子。比如可以说：

“你已经努力了。”

“你尽力了，已经很棒了。”

如果一直只是说“真厉害”，那么孩子就会觉得自己必须要做到最好，这样才会得到妈妈的夸奖。久而久之，他会被这种期许的重量压垮。有一天若没能成功，没有妈妈的夸奖，他就会变得失落、失去斗志；相反，“做得很好”“你已经努力了”这种对过程的评价，则不会给孩子造成无谓的负担。

就连大人也不能保证自己能将所有事情做到最好。又或者说，比起成功，失败的情况其实更多。这种时候，你可能会与孩子有更多的共鸣。在给孩子加油鼓劲的同时，自身也能生出继续努力的勇气。

没有什么是“无用功”

为了激励孩子一直保持努力，家长应该认可孩子的创造性，即使有些事在家长看来是完全没用、浪费时间的。我们家有两个男孩，在与他们相处的过程中，我深刻感受到，即使同为男孩，也不能对他们采用完全一样的教育方法。我的大儿子就经常做些天马行空的事，小儿子做起事反倒有模有样。

前几天，大儿子想了一个办法，将木头胡萝卜捆在了电车模型的前端，拿着跑过来给我看：“妈妈，你看，高铁！”他有时候还会对着吸尘器大声唱歌：“妈妈，你看，话筒！”这些看起来没用的事情，在我们家被统一归为“创造性的活动”。

有一些家庭会全盘否定孩子做这些事，批评“这种事有什么意思呢”，但是蒙台梭利教育法认为，接受孩子的想象力是非常重要的。

凭借有限的材料，孩子发挥想象力，在自己的王国中嬉戏。你觉得这是无聊，还是富有想象力呢？如果家长能够用正面积极的眼光去看待，那么我相信孩子还会再迸发出更多的创造力。

说话要点 3

最喜欢听到的表扬

谢谢！

你要问我孩子最喜欢听的话，那一定是“谢谢”。孩子主动提出帮忙，有时候是非常想听大人说一句“谢谢”。所以，即使有时候孩子帮了倒忙，增加了很多无谓的负担，也请不要忘了对他们说一声：**“谢谢。”**这一句话，将会激励他以后继续去帮助更多的人。

孩子能帮助你做的，都是很小的事情。比如，我每天早上都会为全家榨香蕉牛奶喝。于是，按下榨汁机的按钮就成了儿子光荣的小任务。他似乎为自己能为全家人做这样一件事感到非常自豪！像这种动动手指就能做到的事情，也可以成为向孩子道谢的契机。**从妈妈口中说出的“谢谢”，让孩子自信地认识到自己帮到了别人，是有用的人，这样他以后会愿意继续帮助别人。**

当家长有意识地经常向孩子道谢后，孩子和孩子之间也会开始互相表达谢意。比起家长再三叮嘱“别人给你东西时，记得要说谢谢哦”，还不如在生活中经常当着他们的面说“谢谢”，潜移默化地影响他们。这样孩子也不需要谁来提醒，就会自然地开口向别人道谢了。

孩子很喜欢模仿大人。所以，除了“谢谢”外，你若是还有其他希望孩子掌握的语言，请在孩子面前尽情地使用吧。

说话要点 4

最不可以常说的话

不可以！

我自己就是两个男孩的妈妈，所以特别能理解家长在每天的手忙脚乱中，脱口而出的“不可以”。这些小家伙爬上桌子，在超市里乱跑，在图书馆里大喊大叫，突然在马路上跑起来……这种行为既危险，又给别人添了许多麻烦。所以经常在不知不觉中，妈妈的“不可以”这句话就已经冲出了口。

当然，万一小朋友突然跑到了车道上，或者是他伤害了其他小伙伴，肯定是要说的。**除了很危险的情况外，我们若是频繁地对男孩说“不可以”，告诉他们不可以这样，不可以那样，那会在无意间将孩子的积极性和好奇心全部扼杀在萌芽状态。**

那些真的是不可以做的事吗？

当我们习惯了对孩子说“不可以”之后，有些明明不是不可以的情况，也会毫不犹豫地去否定他。

有一次，我正在准备晚饭，4岁的儿子突然跑过来说要帮忙。这时候，他和弟弟正饿着肚子，于是我很自然地对他说：“妈妈现在很忙，不可以！”“很危险，不可以！”

事实上，这时最应该对儿子说的是“谢谢”。即使因为时间紧张，没有办法和儿子一起做饭，但面对孩子“我想给妈妈帮忙”的这种心情，我们首先应该表示感谢，然后再给出其他的建议：

“谢谢，但是今天时间太紧张了，我可以请你星期六的时候再帮我吗？”

——换一个时间让他帮忙；

“谢谢，那你能帮我摘一下那边的莴苣吗？”

——换一件简单的事让他帮忙。

有些事情确实是孩子不能胜任的，但有些事情并不一定是不可以做的。当妈妈习惯性地否定掉所有的事情，用“不可以”去反驳孩子所有的要求后，孩子会逐渐失去积极性。他们好心好意想要帮忙的积极性，被家长无情地击溃了。

这里最大的问题是，家长否定了孩子的善意。有些妈妈希望自己能教导出一个暖心的孩子，但是面对孩子想要帮忙的善意时，却无情地否定。这不是自相矛盾吗？我认为成人有必要尽早认识到这一点。

在说“不可以”之前，先做好约定

前几天，我在超市见到了一个正在发火的妈妈。她的儿子大概5岁，在超市里到处跑。妈妈火冒三丈地喊道：“都跟你说几遍了，在超市里不能乱跑！你怎么就听不懂呢？”

每当走进超市，男孩就会像条件反射一样，撒开腿跑起来。但即使这样，家长也并不是对此完全无计可施。家长可以做的事，是在进超市之前，与他约定：

“我们说好喽，在超市里只能走，不能跑。”

在这里重要的是，一定要在进超市之前说明白。因为一旦走进超市，孩子整个人都会兴奋起来，那时候无论家长说什么，他都听不进去了；相反，在进入超市前，小家伙心里只想着快点进去，所以肯定都会欣然答应，说自己绝对不会忘记。等他们又一次无视你的话，刚迈进超市大门，就准备跑开的时刻，家长要拼命抑制住自己想喊“不可以”的冲动，而是耐住性子问：

“之前我们是怎么说的，可以在超市里跑吗？”

针对你的问题，孩子一定会摇头否定。虽然他们只有一两岁，但是却已经明白了什么叫作约定。

比如到了称重糕点区，你的孩子又忘记了之前“不可以用手碰没有付过钱的糕点”的约定，双手简直黏在了各种点心上。

“没有付钱的糕点，可以用手去摸吗？妈妈不记得了。”

答案是小声的“不可以”。

虽然内心里都明白，但还是要跑；虽然内心里都明白，但还是要摸。这是男孩身上抑制不住的冲动。在这一点上，他们和同龄的女孩有着巨大的差异。

对于女孩，只要家长或老师清楚地解释给她们听，她们也会在心里认可了那样做不可以，就会切实地遵守约定。而男孩却恰恰相反。但是，这并不意味着和男孩作约定就是一件毫无意义的事情。因为，虽然他在现在这个阶段无法抑制住内心的冲动，但是在他们的成长过程中，约定和守信的力量无时无刻不在发挥着重要作用。

在蒙台梭利幼儿园中，即使对方是刚满一周岁的宝宝，老师也会明确地说明不能做某件事的原因。“这里很危险，我们回去吧。”我们无法确定一岁的宝宝是否能听懂老师说的话，但对此他一定会有模糊的感知，知道刚才老师确实对自己说了些什么。

“我们刚刚是不是约好了，不可以这样做的吗？”通过这种确认的方式，孩子会意识到自己好像做了什么不应该做的事情，这一点从他们的表情就可以看出来。虽然在这个时期，他们并非百分百地理解为什么自己不能做刚才的那件事。

这里特别需要注意的是，有些家长在说“不可以”的同时，喜欢用一些否定孩子人格的话。比如说，“跟你说了多少遍，怎么就听不懂呢？”“你是不是傻啊？”

孩子并不是听不懂，只是没有办法控制住自己而已。这是男孩源于本能的冲动，不是小小年纪的他们可以简单控制住的。

在理解这一点的基础上，再和孩子提前做好约定。**一旦孩子打破了这个约定，就通过提问的方式唤起他们的记忆。通过不断地重复这个过程，**孩子总有一天能够切实地遵守约定。

在说“不可以”之前，有些事情必须要做

说来惭愧，今天我在这里和大家分享蒙台梭利教育法，但是，我也不是刚开始就能将“不可以”这句话牢牢封印在嘴里的。有一段时期，面对不断挑战我耐心的儿子，我也经常脱口而出说“不可以”。然而，不管我说了多少遍“不可以”，情况仍没有任何改变。

现在，我把说“不可以”的精力全部换了个方向，我要想办法让自己再也没有机会说出这句话。比如，收拾东西。在儿子玩完玩具后，总是把

在说“不可以”之前，先作好约定吧

它们散得到处都是。以前我会凶他“不可以把玩具散得到处都是”，现在我创造了一个方便他自主整理和收纳的环境。

我准备了一个很大的箱子，对他说：“我们约定好了，玩具玩完后，记得放回这里面哦。”虽然当他自己放玩具的时候，汽车模型、娃娃、各种卡牌全都混在一起，但是，把所有玩具收到一个箱子里也会比散在地板上整洁很多。

另外，我还将他常玩的玩具减少到3种类型，从数量上做减法。除了他最近特别喜欢玩的，其他所有玩具都先收到抽屉中。等他玩厌了，再将别的种类拿出来。这是因为，孩子之所以将玩具扔得到处都是，其中最大原因就是玩具太多了。

请仔细观察一下，你都是在什么情况下对孩子吼出“不可以”的呢？观察一两天应该可以发现，在孩子登高时，在街上乱跑时，随便碰别人的东西时……

明白了这一点后，就可以开始尝试改善环境。如之前讲到过的，男孩都有登高的冲动，动不动就往桌子上爬。既然是这样，那干脆带着他一起去公园，让他在攀爬架上一次性玩个够吧。如果孩子回家之后，还是爱往桌子上爬，那就可以教育他：

“只能在公园里的攀爬架上爬高，对不对？”

因为之前妈妈确实带着他在公园里的攀爬架上玩了，所以这样说是比较有说服力的。比起用简单的“不可以”来拒绝和呵斥孩子，这种方式会更容易被孩子接受。

说话要点 5

不问“做完了吗”，多说 辛苦了。

刚开始我自己也没有意识到，吃饭时我特别喜欢问老公和儿子“今天做的饭菜好不好吃”，这几乎成了我的口头禅。结果有一天他们对我说：“能不能别这么问了？”

他们说：“如果真的好吃，你不用问，我也会说好吃的。”似乎在男性心里，如果有人这样问自己，那他们则认为，自己必须要给出肯定的答案。而我询问对方好不好吃的举动实际上是在向对方强行讨要一个“好吃”的答案。

大人也喜欢问小孩子类似的问题——做完了吗？

孩子正绞尽脑汁地思考，旁边有个声音插进来问：“想出来了吗？”这个问题本身没有任何恶意，但是对于男孩来说，会无形中成为一种巨大的压力。

为什么呢？原因之一是这个问题有言外之意：还没做好吗？

“妈妈正在等着我解完这个谜，所以我必须得快点儿……”大部分的孩子都会这么想。这样一来，他的思路被打断，从而开始焦虑，后面反而做不好了。

原因之二是孩子在专注做某件事的时候，非常不喜欢被人出声打扰。

事实上，不仅小孩子是这样，大多数成年人也是如此。

你有没有这样的经历？家人正在电脑前工作，你从后面喊了一声，结果就被“嫌弃了”。除非是专注力极其惊人的人，否则正专注做某件事的时候，别人一喊，注意力就会被打断。尤其是男性，他们很讨厌这样的被迫分心。

女性好像天然地能够一心多用，一边做饭，一边洗衣服；一边看着大儿子做作业，一边给小宝宝喂奶。所以，她们在做事情的时候和人搭话，也是完全游刃有余的。正因为如此，妈妈可能会下意识地对丈夫或儿子做同样的要求。男性好像不擅长一心多用。

在幼儿园里的食育课上，这种男女的差别体现得尤其明显。

通常，我们会组织每5个孩子为一组，大家一起剥玉米皮，摘玉米须。女孩都是一边聊天，一边干活的，“哇，这条玉米须好长！”“这皮怎么这么薄！”看起来非常兴奋。嘴上兴奋，她们手上干活的速度却是一点都没有落下。

再看和她们同组的两个男孩，一声不吭，似乎他们的眼中只有玉米。他们慎重地将玉米皮一张张扒开，摘下玉米须，最后用力扯断。此时，他们专心致志，全然投入到扒玉米的任务中，想不到要说话。

那么，当男孩在专注做一件事的时候，家长应该以什么方式给他鼓励呢？我的建议是：

不要忽然开口说话。不管怎样，安静地等他自己停下来休息吧。他主动和你说话后，大人再开口。

那应该说些什么呢？

沉浸在自己世界中的男孩

“辛苦了。”

如此一来，让他知道：妈妈/老师刚才一直在关注着你，也看到了你的努力。

孩子做错了，也不要立刻指责

男孩在集中所有精力做事情的时候，即使大人跟他说话，他也有可能注意不到。也就是说，他绝对不是故意无视的。

有些妈妈容易误会这件事，觉得儿子怎么能不听我的话了呢，一下子火冒三丈：“你为什么不听我说话？！”这种情况下，请千万按捺住火气。要明白，正专注于手上作业的男孩，他的耳朵自动屏蔽了外界所有的声音。

另外，妈妈们经常会做一件事，就是发现孩子做错了什么，就马上指出来。

儿子正在拼拼图，妈妈指着其中一块说：“这里拼错了吧？”直接介入。等他上了小学，正在练习写字，妈妈在旁边说：“你看，这里少了一横。”“笔顺写错了！”

妈妈们的出发点肯定是好的，本着“我是为你好”的心理指出儿子不对的地方。但是对于男孩来说，注意力被打断本身就已经让他很不舒适了，还必须要按照妈妈说的去改正，他们很快就会焦躁起来。**因此，即使发现了孩子的错误，至少也请等孩子自己停下之后再提出来。**往往这个时候，孩子自己也能意识到可能犯了错。对于男孩来说，这是非常重要的一种学习方式（见插页第I页）。

有个孩子的妈妈跟我反馈说：“我这次发现儿子写错字后，忍住了没有当场指出。”

据说，之前她陪着儿子练字时，看到儿子写错了就会当场指出，并让他立马改正。结果，平时很乖巧的儿子总会大哭起来，非常抗拒。现在，她每次都是等儿子做完作业再统一检查，发现错误后也不是当场指责，而是寻找别的机会慢慢教导他。比如，洗澡时母子俩都比较放松，正是很好的交流机会，所以大人可以在浴室里备上“浴室蜡笔”来帮孩子回顾之前发现的错误。

说话要点 6

约好的“下次”一定要遵守

之前我们说好了……

妈妈们很喜欢说的一句话是“下次……”。

孩子想做什么事情，但是现在却做不了，于是就用这句话来打发。可以说，这是很方便的一句话。可是，这个“下次”的约定，你们确实遵守了吗？

前几天发生了这样的事情。我和两个儿子买完东西往家走。3岁的大儿子说：“妈妈，我想吃鲷鱼烧[①]。”因为他刚刚才吃过点心，所以我就漫不经心地说下次给他买。结果3天后，还是在买完东西回家的路上，大儿子问：“妈妈，鲷鱼烧，还不能吃吗？”原来，即使是3岁的孩子，也清清楚楚地记着前几天的约定！

事实上像这种小约定，我们大人经常不会遵守。**可是，对于大人来说只是不经意说出口的小约定，对孩子来说却印象深刻。**

“什么时候才能吃鲷鱼烧呢，会是出门买东西的时候吗？”孩子在内心不断期盼，兴奋地度过了好几天时间。结果说好的约定到最后却没能实现，他们该多么失望啊。

---

① 鲷鱼烧：一种日式烘烤点心，形似鲷鱼，内包豆沙馅。——译者注

类似的事情发生的次数多了，孩子就会逐渐对家长丧失信赖，后果远比家长想象的要严重得多。他们会觉得，反正妈妈就是不守信用的人——这可真伤人心。更可怕的是，今后孩子很可能再也不会相信大人的承诺了。

如果不能遵守，那就不要约定

如果家长不能遵守，那就不要轻易做出约定。

很多时候，我们只是为了打发当时当景，拿“下次”的约定去敷衍孩子。“我想吃冰激凌！”“下次买给你吃啊。”“我想去书店！”“下次再带你去啊。”“我想叫××来家里玩！”“下次请他来。”

类似这样的日常小事，可能妈妈们这边刚答应，转头就忘了。而孩子却暗暗把约定记在了心里。一旦和孩子约好了下次要去做什么，请一定不要忘记。另外，在履行约定的时候可以在语言上花点技巧，让孩子意识到妈妈是真的遵守了约定。比如说：

“之前约好的，今天我们先一起去书店看书然后再回家吧。”

孩子肯定会特别高兴：“妈妈还记得和我的约定呢！”**孩子与家长之间的信赖感，就是通过无数个这种小小的日常约定不断积累培养起来的。**

说话要点 7

男孩过度兴奋时，要告诉他

妈妈在听着呢。

孩子在超市里有时候会大喊大叫："我就要这个！"走在路上会突然拽住妈妈的手："我要走这边！"出门的时候会突然哭起来："我不要出去！"

面对这样亢奋的孩子，有什么魔法句子能让他迅速冷静下来吗？似乎在这个时候，不论说什么，孩子都听不进去。

如果情况允许，我的建议是让他先尽情地哭，哭个痛快。我的小儿子也动不动就激动。为了防止他突然发起脾气打扰到别人，我一般会带他到一个僻静的地方，让他一次性哭个够。

如果是在家的话，为了不吵到邻居们，我会把窗关上，把窗帘拉上。结果，他反而会很快停止哭泣，又突然转头被别的事吸引。

尤其是1~2岁的孩子，因为还无法用语言准确地向他人表达自己的心情，所以会本能地通过哭泣、吵闹来表达自己的内在情感。**而且相对女孩而言，男孩通常更晚开口说话，持续这种焦躁状态的时间也就更长。**更长并不意味着他们会永久处于这种亢奋状态，家长需要的是暂时忍耐。我也时时如此告诫自己。

等到孩子会开口说话之后，不管他说的是什么，说得清不清楚，总之要多加倾听。孩子哇地叫起来，家长也哇地吼回去，那是不正确的处理方式。孩子经常是因为有什么需求才会变得兴奋，此时，作为家长应该传达给他“我已经准备好听你说话了”的情绪。面对这样的孩子，深呼吸几下，然后耐心地告诉他：

“你想说什么呀，妈妈在听着呢。”

当这种情绪切实地传递至孩子心中后，孩子可能会告诉你“我要××”“我想要×××”，也有可能不会。碰到后者，家长千万不要失去耐心，和孩子对吼起来，那样孩子才能更快地冷静下来。无论如何请避免家长向孩子大吼大叫这种情况。

当然，我作为两个孩子的妈妈，也明白并不是任何情况下都能冷静下来。那么，两次中至少有一次试着对孩子说：“你想说什么呀，妈妈在听着呢。”如果你家里有一个动不动就发火的孩子，可以用这句话来试一下。

想象一下孩子在医院里发脾气或者在图书馆里暴走的情况。成年人知道在医院和图书馆里必须要保持安静，可小孩子却无法理解，他们不明白自己现在所处的环境必须要保持安静；又或许，他们压根没有注意到自己现在所处的环境。这时候，我们就可以这样问：“你看这里是需要保持安静的地方，还是可以随便吵闹的地方？”这一句话，就可以让有些孩子发现自己犯的错误。

不过，下次再碰到类似的情况，他们还是会忘得一干二净。没关系，同样的问题反复询问，长此以往，他们一定会把这条守则牢牢记住。

第4章

创造能充分开启男孩潜能的环境

每个人都有各自的代表颜色

环境对了，男孩能自由成长

蒙台梭利教育法非常注重孩子生活的环境。这是为什么呢？蒙台梭利认为，儿童的内在潜能是在环境的刺激、帮助下发展起来的，是个体与环境之间相互作用的结果。她指出，旧的教育只包括教师和儿童两个因素，对于环境是不重视的。新的教育应当包括教师、环境和儿童三个因素，三者之间彼此都应发生作用。这个环境必须是“有准备的环境”。一个孩子出生后要适应这样的世界，取得经验，就需要成人的帮助。为此，必须在成人和儿童之间建立一座“桥梁”。而“有准备的环境”就是要起桥梁的作用，使成人的世界适合儿童的发展。只有环境合适，孩子才可以自主充分地发挥自己的才能。只要有适合孩子的专用工具刀，甚至连2岁的小朋友都能自己切蔬菜。只要有适合孩子的专用围裙，小孩子就会自觉地变身家务小帮手。

在蒙台梭利幼儿园里，每块手帕的一个角上都有特别的刺绣，指示孩子叠手帕时要从这个角开始。根据这个提示，孩子可以将手帕叠得整整齐齐。

而家长给家里的每块手帕都绣上花，这不太现实，但是我们可以用别的办法给手帕做上印记。这样，孩子也会变得愿意自己叠手帕。

创造适合孩子自立成长的环境并不难，像这样的小心思就是方法之一。

或许有些家长觉得这样的小心思太费神、太麻烦了，我非常明白这种心理。

我自己在首次怀孕时，年纪已经很大了。因此，不管是在怀孕期还是抚育期，经常感到心有余而力不足。我没有办法给他们提供非常完善的成长环境。

然而在蒙台梭利幼儿园里工作多年的经验告诉我：**孩子的敏感期非常重要。利用好他们在这个阶段的心理特点，花一点小心思创造符合他们成长规律的环境，就能帮助他们实现飞速成长。**所以，即使遇到很多困难，我每一天也都在思考，看有哪些事情是我可以做得更好的。

我想阅读本书的每一个家长都有同样的心情。家有男孩，妈妈似乎都没了呼吸的空间。但是也请不要焦虑，一点一点和孩子一起成长，尝试为他们创造更好的环境吧。

激发潜能要点

观察男孩的兴趣

玛利亚·蒙台梭利既是一位教育学家，也是一位科学家。**她说："孩子'莫名其妙的行为'背后，隐藏着孩子茁壮成长的宝贵线索。"**所以，她在蒙台梭利教育法中强调，家长要像科学家一样去观察自己的孩子。

在第1章中我们谈到了敏感期，但其实并不局限于敏感期，孩子表现出的兴趣中隐藏着他们成长发育的线索。

请仔细回想一下，你的孩子现在的兴趣是什么？是观察昆虫，摆弄高铁模型，还是玩各种小汽车模型？这三类是男孩普遍喜欢的东西，另外还有些孩子喜欢玩恐龙模型、"变形金刚"玩具。

一旦家长确切地理解了孩子的兴趣点所在，就能以此为起点，帮助他拓展相关的知识。比起张贴拼音图，机械地灌输各种"家长觉得很有用"的知识，这种以兴趣为导向的学习方式明显要快乐许多，也高效许多。

一般而言，孩子总是在某一天突然就对某件事或某样东西产生兴趣。比如，某一天突然就醉心于研究蚂蚁了。这对于家长来说是一个给孩子拓展昆虫的相关科普小知识的好机会。将蚂蚁的图鉴、书籍、绘本介绍放在孩子随手能够到的地方，这样，孩子会非常自然地将手伸向书本，开始阅读起来。在条件允许的情况下，还可以让孩子养蚂蚁。现在有很多的工具套装能帮助孩子观察蚂蚁巢穴。在本书第90页中讲到，孩子通过触摸实物能够学到很多东西。让孩子饲养像蚂蚁这种可以在家养的小昆虫，是一次绝佳的学习机会。

纵向来说，孩子可以系统地学习蚂蚁的相关知识；横向来说，孩子可以广泛地学习其他动物的相关知识。从学习蚂蚁知识扩展到其他昆虫，再扩展到其他动物。这样，从小到大，一步一步地学习整个生物界的知识。另外，对昆虫的兴趣还能帮助孩子更好地习得语言文字。

在我工作的幼儿园里有一个小朋友叫小聪，他很喜欢独角仙。在他还没认识平假名[①]时，就已经认识片假名[②]了。这是为什么？这是因为动物图鉴上，各种独角仙的名字都是用片假名写的。

一般来说，女孩都是先记住平假名，后记住片假名，而男孩经常会反过来。这是因为男孩喜欢的汽车的名字、怪兽的名字、汽车的品牌，大部分都是用片假名标注。

小聪在学会片假名之后，因为想要阅读图鉴上其他的内容，不但学会了平假名，还认识了许多汉字。**孩子对于自己感兴趣的事情，会花费很多精力去钻研。家长可以利用这个特质，扩大他们学习的广度和深度。**

① 平假名：日语使用的一种表音文字，除一两个平假名之外，均由汉字的草书演化而来。常用于表示日语中的固有词汇及文法助词。——译者注

② 片假名：与平假名合称"假名"，与平假名一一对应，是1种读音的2种写法，片假名用于表示外来语或人名等专门用途。——译者注

阅读各种尺寸的图鉴

我个人非常推荐孩子阅读各种尺寸的图鉴。大尺寸的图鉴上刊有很多照片，还有很丰富的文字内容，看上去就令人愉悦，读过后又能学到很多知识。每一个句子都不长，并不会花费太长时间，即使很忙碌的妈妈也可以抽时间给孩子读。

小尺寸的图鉴可以随时带着出门，可以带着去动物园、海洋馆，蔬菜图鉴甚至还可以带着去超市。

去动物园时，我会让儿子带着小尺寸的动物图鉴。儿子将书上的内容和眼前的动物比对着看。真实的动物会动，身上还有味道。有了这个经历后，他再回看图鉴，眼光就会发生变化。看着图鉴上的照片，他会自然地回忆起在动物园里看到的动物的样子，这能在很大程度上加深了他的学习记忆。

有一次我带着儿子去动物园看松鼠。回到家，儿子马上拿出大尺寸的图鉴，开始翻找松鼠的相关内容。**将生活中的实际经验和图鉴上的内容联结起来，孩子能记忆得更深刻，基础变得更扎实。**

不要给孩子太多东西

有些家长不明白孩子的兴趣所在，因为孩子没有对特定的某件事或某样东西表现出兴趣。

针对这种情况，比较有效的方法是大幅减少孩子手上玩具的数量。以爷爷奶奶、外公外婆为首的亲戚朋友们，都特别愿意给孩子买各种他们自己觉得好的玩具。但是，当孩子被眼花缭乱的玩具淹没后，他们反而无法发现自己真正感兴趣的东西。

小连家有各种各样孩子们都特别喜欢的毛绒玩具。每次奶奶过来看他，都会给他带一个新的。小连还没明白自己到底喜不喜欢玩呢，在不知不觉中就已经被一个又一个新的毛绒玩具包围。

在蒙台梭利教育法中，老师最开始只会给孩子两样玩具供他们进行选择，随着时间的流逝，再慢慢地增加选项。**当被塞了太多东西，因为选项太多，孩子往往没有办法选择出自己真正喜欢的东西。**

如何从纸尿裤向小内裤进阶

在“最令家长头疼的事”榜单上，对男孩进行如厕训练绝对名列前茅。

我的建议是，最好把这件事交给爸爸来做，让爸爸向孩子演示如何站着尿尿。当孩子通过观察逐渐学会了这个技能后，如厕训练就会变得更顺利、高效。

为什么这么说呢？因为男孩不喜欢尿尿时脱裤子。尤其是冬天天气寒冷时，他们非常抗拒脱裤子这件事——而这往往是如厕训练无法进行下去的原因。当学会了站着尿尿的技能后，他们上厕所时就不需要把外裤和内裤全部脱光了。

说到教导方法，其实很简单，就是让爸爸来演示一遍，孩子在一旁观察。在一开始，需要买个防滑的小凳子让他站在上面。如果他觉得很有趣而迟迟下不来，也不必催促，他愿意站多久都好。等到男孩学会站着尿尿后，他就不用再跟着妈妈在总是拥挤的女厕所里排队了。

鉴于男孩经常出现“现在就想上厕所”的突发情况，最好尽早让他们学会自己上厕所。

另外，确定好要去的幼儿园后，记得提前去看一下那里的厕所。在家里习惯了用小马桶或坐着上厕所的男孩，上学后突然被要求站着上厕所，实在是有点强人所难，这也不是短时间内就能改过来的。

如何从纸尿裤向小内裤进阶？

怎样判断孩子可以不再用纸尿裤，而是穿普通内裤了呢？这还是要看孩子本身的情况。如果你的孩子心思不是特别敏感，那么当他几次成功地控制了大小便后，就可以欣然接受不再穿纸尿裤。后面如果又反复了，也可以重新再用回纸尿裤。

但是，如果你的孩子是比较害怕失败的类型，那在这件事上必须要慎重。当他能够完全独立去厕所拉粑粑，并且又确实开始抗拒用纸尿裤后，再换成小内裤。具体的时间，还是要结合孩子的性格来判断。

针对自尊心强、绝对不允许失败的孩子，可以先向他本人确认："要不要试试穿小内裤啊？"他同意后，妈妈再给他换上。因为这是他自己做出的决定，即使最后失败了，他也能有再次尝试的勇气。

需要注意的是"宝宝如厕训练裤"的使用方法。

在宝宝训练裤刚上市的时候，一般只有两到三层，但现在市面上售卖的已经有六层了。这么厚的训练裤和纸尿裤没什么区别，也会不断吸收囤积尿液。

用这么厚的训练裤，家长肯定是比较轻松省力的。但是穿着这种训练裤，孩子即使尿裤子了，也不会觉得不舒服，因此，也就不能反向促使他们早早学会上厕所。另外，天气热起来后，孩子穿厚的训练裤容易不舒服，甚至起痱子。

尿裤子了会不舒服。只有当孩子实际体会到这种糟糕的感受后，才会

下意识去注意，避免以后再发生同样的事情。因此，相比而言，从纸尿裤直接换到正常薄内裤的孩子，能够更早地彻底摆脱纸尿裤，学会自主如厕。不过，为了以防万一，在刚开始的一两个星期内，家长最好能把家里难清洗的地毯、被褥等撤掉，确保孩子即使尿床了也没什么太大的麻烦。

有一个妈妈因为儿子说穿着如厕训练裤太热了，立刻就给他换上了薄内裤。

刚开始的一个星期，儿子每天晚上都会尿床。妈妈觉得这极难清理，因此变得很烦躁。结果刚到第二周，儿子就会一边嚷嚷着“我要上厕所”，一边自己跑去厕所了。从那之后，他再也没有尿过床。

不要总问“要上厕所吗？”

爸爸妈妈带着4岁的儿子去电影院看电影，每5分钟就要问一次：“要上厕所吗？”因为他们觉得，万一在这种公共场合尿裤子了，那还得了。家长的这种心情，我特别能理解。可是这样一来，每隔数分钟就打扰孩子一次，他根本没办法集中注意力看电影了。

刚开始进行如厕训练的时候，家长和孩子都有着巨大的压力。家长总想着，万一孩子（特别是在外面）尿裤子了可怎么办呢，时常为此感到焦虑。孩子也有同样的担忧，因为没有任何孩子喜欢尿裤子。

但是，家长过度频繁地询问“要上厕所吗”，会给孩子很大的精神压力。他们不愿意总是听到这个问题，到最后这个问题反而又把他们推回到了纸尿裤的怀抱。为了不发生这样的事，家长可以适当放松紧绷的神经，控制询问的频率。

要一直坐婴儿车吗?

决定如厕训练能否成功的关键在于“肌肉”。在儿童敏感期，孩子通过大量的运动，不仅能够刺激收缩膀胱的逼尿肌，还能刺激膀胱周围的肌肉，包括腹直肌和盆底肌肉等。这些肌肉发达之后，可以有效控制膀胱的收缩闭合。人体不管是憋尿，还是尿尿，都需要这些肌肉的调节。

我最近发现有一个现象越发普遍。我总能看到有些小孩明显已经很大了，却还是一直坐在婴儿车里。我知道这可能是因为有些家长认为男孩特别喜欢乱跑乱跳，为了避免危险就让他们一直坐在车里。**但是，如果没有一定的运动量刺激相关肌肉的生长，最后会直接导致孩子不能自主如厕。**

如果你的孩子迟迟不能自己上厕所，那么不妨回想一下，会不会是他运动的时间太少了？

整理和收纳要点

男孩也会自觉做收纳

男孩总是不愿意收拾好自己的东西，稍不注意，他们就把玩具扔得到处都是，大人光是把那些东西一件一件捡回来就耗费了大量的心力。那有没有什么好的解决办法呢?

首先第一件事就是要减少孩子的玩具数量。当然，减少并不意味着一定要扔掉。我们可以让孩子轮着玩各种玩具，将暂时用不到的玩具全部收到抽屉或者箱子里去。当面前的玩具数量减少后，即使孩子还是喜欢到处扔，至少妈妈收拾起来不会再那么吃力了。

至于孩子经常玩或者正在玩的玩具，可以统一放在一个专门的玩具架上，并且将每个玩具对应一个固定的存放位置。在本书第37页中，我们提到，处于场所敏感期的孩子总是非常希望将同样的物品放置在同样的位置。**有些妈妈抱怨孩子总是乱扔东西，其真实原因可能是妈妈在收拾玩具的时候没有把它们放回原处。**

另外，说到放置地点，最好固定于一处。如果将书放到卧室，玩具放到客厅，那孩子小小的脑袋瓜可能会觉得不解，直至完全丧失了整理的兴致。

我家的两个孩子都特别喜欢玩具车，家里地板上总是散落着各种玩具车和汽车模型。我采取的方案是，在玩具和玩具架上分别贴好数字号码。这样，孩子在每次玩完玩具后，都会根据玩具上的编号将它放回到玩具架上对应的位置。这样做需要费些时间，但收益却是巨大的。家长再也不用每天跟在孩子后面不停地收拾零散的玩具，孩子也能在玩耍中学会自主收纳个人物品，学会遵守秩序。

除此之外，我还特地划了一块专门的“停车场”。我对他们说：“尽管只是在家里玩的玩具车，但也要有相应的停车地点。”这样做的结果就是，我每次说“回到停车场”时，孩子就会自觉地将车放回到原来的位置上。

偶尔他们也会不听话，这时候怎么办呢？我不会生气，或者抑制不住地对孩子大吼大叫。只要问他们“车子是不是应该停在停车场里啊”，他们就能立刻明白应该怎么做并立刻行动起来（见插页第V页）。

处于敏感期的孩子，其实非常适合学习如何整理和收纳。**因为这时候他们正执拗地想将所有的物品归置到原来的地方去。作为家长，要充分利用他们的这个心理，为他们创造一个易于整理的环境。**

观察孩子想要做哪些整理

就算是教会他们收纳这件事，也别忘了观察。**处于敏感期的孩子特别喜欢按照自己的逻辑给所有东西分门别类。**

请回想一下，当带着孩子去公园玩的时候，他有没有把捡到的小石头从大到小，一个个摆得很整齐呢？又或者按照一堆大石头、一堆中等大小石头、一堆小石头，分成一摞摞呢？处于敏感期的孩子身体里有一股冲动，想要将所有东西按照大小（或者种类、颜色）区分排列。

在设计家里的玩具架时，我们可以利用孩子的这一心理，使收纳变得更井井有条。

在蒙台梭利幼儿园里，不同种类的道具有不同的颜色，比如扫帚和簸箕，就是绿色的。这样的话，即使物品的外表形状完全不同，孩子也很容易可以将它们分门别类。

另外，别忘了在扫帚和簸箕的存放处，贴上同色的贴纸。在存放清洁用具的架子上贴好绿色标签，那么孩子就能明白这些东西的归置地点。

在我们大人的眼里，扫帚和畚箕本就是一套清洁用具，根本不需要去特意思考，但是孩子无法理解这一点。因此，需要大人多多站在孩子的角度去看这个世界。

每个孩子都有一个代表颜色

用颜色区分事物的种类是孩子易于理解并掌握的技能。

在一个实施蒙台梭利教育法的家庭中，有三个孩子。家长挑了三个孩子喜欢的“蓝色、绿色、红色”，分别作为他们各自的代表颜色。

不管是毛巾、牙刷、杯子，还是内衣，每个人的东西颜色都是固定的。即使是很小的孩子，也不会拿错比自己大一岁的哥哥的内衣。在放牙刷的地方，还贴着对应颜色的贴纸，孩子每次刷完牙，就会把自己的牙刷放回到相应的位置上。

处于敏感期的孩子，强烈地希望将固定的东西放到固定的地方，像这样用颜色加以辅助区分，孩子操作起来会容易很多。

同理，在玩具与玩具存放处贴上同色的标签，这个简单的操作能很好地引导孩子把东西收拾整齐。如果有时间和精力，家长还可以给每个玩具

用颜色区分非常方便

三个人都有各自的代表颜色
绿
4岁
蓝
5岁
红
3岁
孩子能轻松地做好收纳
毛巾、牙刷、内衣，全部由孩子自己放回到贴着同色贴纸的地方
是谁没收拾好呢
对不起
哈哈

拍张照片，并将照片贴在相应的存放位置上，这个方法最行之有效。除了照片，图画也行。孩子的能力毕竟有限，想让他们自己做好收纳，必须辅以相应的标志加以指引。

在蒙台梭利幼儿园中，不同用途的毛巾有不同的颜色或者标志（见插页第IV页）。比如我曾任教的幼儿园，擦手的毛巾是白色的，擦桌子的毛巾是黄色的，擦地板的抹布是橙色的。像这样做好颜色区分，孩子就会明白哪条毛巾是哪种用途，并在使用完后迅速放回相应位置。

有一些家长喜欢大声吼“快给我收拾好”，简直都成一句口头禅了。但有时候可能真不是孩子不愿意收拾，而是因为没有合适的环境，而他们目前的能力又不足以让他们很好地收纳。

行为习惯养成要点

大人要有意识地成为孩子的榜样

家长在观察孩子，而孩子每时每刻也都在观察着家长，并且会有意无意地去模仿。而在许多家庭中，妈妈陪伴孩子的时间更多一些，所以他们最容易模仿妈妈的行为。有太多的孩子，其说话的方式和习惯跟自己的妈妈简直一模一样。有些孩子喜欢说“傻子”“浑蛋”，大体上也都是因为他们的家长在无意识中使用这些词汇。

说一件发生在足球场上的事。一个6岁的小男孩正在打自己的弟弟，嘴里骂着“白痴”。看着扭成一团的两个人，他们的妈妈在旁边很烦躁，吼道：“跟你说了多少遍，不能说脏话，不能说脏话，你怎么就听不懂呢?白痴！”

要求孩子不能说脏话的妈妈，嘴上相同的脏话脱口而出。

喜欢用脚去踢玩具的孩子，他的家长很可能就是经常用脚踢行李。或许大人会说，像这样的小事，因为两只手都拎着东西，没办法腾出手拿行李啊。但是没有办法，朝夕相处的家长是孩子最好的老师。凡事始于微小，就这件事来说，我想，家长将手上的东西先放在地板上这一点时间无论如何应该是有的。若家长能在每天的生活中有意识地多多使用文明用语，规范自己的不当行为，孩子也一定能在潜移默化中学着大人的样子做一个有礼貌、懂秩序的人。

请仔细回想一下，放水杯的时候，你有没有“啪”地一下重重砸下？开门的时候，你有没有无意识地用脚去踹？**我们总是说男孩就是粗糙鲁莽，其实很有可能他只是在模仿家长的行为。**

妈妈和爸爸是孩子最佳的模仿对象。两人和睦的关系，将会成为良好的范本，教会孩子人与人之间如何正确相处。有些家长可能会说，没办法啊，家里有那么多乱七八糟的事，火气一上来就忍不住想吵架。那么，至少请不要在孩子面前吵架。家长如果在孩子面前吵架，孩子必定会一直看着，并且牢牢地记在心里。

守护爸爸和儿子的关系

在幼儿园里，听听孩子之间的对话，就能很快明白这个男孩和他爸爸之间的关系如何。

小智是幼儿园里的年级级长，别人问他：“你喜欢爸爸吗？”小智沉默了一会儿，回答道：“我也不知道喜欢不喜欢。”

小智家每大由小智的爸爸接送孩子上下学。我看到父子俩每天都是高高兴兴地来，开开心心地走，所以小智肯定是不讨厌自己爸爸的。那么小智为什么会迟疑，会那样说呢？这是因为小智长大了，已经隐约地将自己的爸爸当成了竞争对手。两个人有着共同喜欢的人——妈妈，所以孩子产生了“绝对不能输给爸爸”的念头。

有一次我和小智的妈妈聊天，她有些苦恼地跟我说：“前几天，我说咱们三个人一起出去玩啊，结果小智马上回答说‘不要，我只要和妈妈一起’，这让爸爸觉得有一点伤心。老师，小智这样的表现是因为讨厌他的爸爸吗？”

不要慌，这正是他身心健康发育的证据。同时，也是孩子眼中自己的爸爸妈妈关系和睦的证据。孩子将家长中的一方当作竞争对手，这是极为正常的现象，作为家长我们应该承认这一点，并多抽出时间，用陪伴消除他们的不安感。

兴趣培养要点

为孩子的兴趣提供环境

孩子真正感兴趣的到底是什么？这实际上很难判别。需要注意的一点是，不要将大人的兴趣强行当成孩子自己的兴趣。

比如，一直憧憬着当足球选手的爸爸想要早点带儿子进入足球的世界，在绿茵场上驰骋。于是就在儿子还懵懂的时候，为他早早定下踢足球的日程。

如果孩子本身也喜欢踢足球，并且有着不俗的天赋，那自然是很好的。但很多时候，结果并不尽如人意。

我的一个前辈，他们家的做法是，在孩子表现出真正的兴趣之前，什么兴趣班都不逼着他去上。**从孩子3~6岁的几年时间里，他们只是不断地观察儿子真正的兴趣所在。**

然后，在孩子6岁的时候，他自己跑过来说："爸爸妈妈，有一件事，我非常非常想去做。"家长问："是什么事呢？"孩子回答："我想拉小提琴！"

张口就是这么高难度的挑战，他能行吗？当家长的既高兴又苦恼。万一小提琴买回来，他又说自己不想学了，那可怎么办？我的前辈就决定先“按兵不动”，继续观察一段时间。

孩子看到爸爸妈妈似乎不是很支持自己，非常焦虑，于是就自己去想办法，结果还真让他发现了一个有用信息：幼儿园里一个小伙伴的阿姨，正是教小提琴的老师。于是，他决定找那个阿姨学习小提琴。

看到这里，我那个前辈才终于认可了儿子的决心，为他购置了小提琴，开始上小提琴课。

据说，他儿子现在的绝对音准特别好，还被选拔到了学校的合唱队，在这个兴趣点上，他有着不错的成绩。

前几天，我见到了这位前辈的儿子，问他近期的目标是什么。已经是高中生的他回答：“去花园[①]走一圈！”我本以为他会说要成为音乐家呢，不由吃了一惊。结果他后来进入了一个橄榄球非常强的学校，并且成了校橄榄球球队的首发队员。

从他这个例子，我强烈地感受到作为家长，真的应该静静等待孩子自发地对某件事产生兴趣。**在孩子表现出真正的喜好之前，等待；在孩子表现出真正的喜好之后，不要去约束。**

如果我的前辈因为孩子之前学了小提琴，就要求他去做小提琴家，那么他儿子在橄榄球方面的才能可能将永远不会被发掘出来。像这样，孩子身体里到底有哪些才能，真的很难知晓。

做家长的，只有观察、守护孩子的一个又一个自然生发出的兴趣，孩子的潜能才会在不同的领域开花结果。

---

① 花园：指大阪花园橄榄球场，是日本的橄榄球圣地之一，每年冬季的日本高中英式橄榄球锦标赛就在这里举行。——译者注

实施蒙台梭利教育法最重要的是成人的态度

各位亲爱的读者，读到这里，想必你已经发现了，蒙台梭利教育法对家长和老师的要求，简单来说就是：

- **理解、尊重孩子，将他们视为有能力的个体（理解）**
- **用科学家的态度观察孩子（观察）**
- **创造符合成长规律的环境，只在有需要时出手帮助（创造环境）**

我们没有必要准备和蒙台梭利幼儿园中一模一样的用具，也没有必要一定把孩子送去蒙台梭利幼儿园里上课。最重要的是，家长能改变看待孩子的方式。

当我们学习、了解了儿童敏感期的特点后，那么至今为止的很多谜团、孩子焦躁和任性的理由，也就可以理解了。在此之后，首先重要的工作就是观察。孩子为什么执着地去做某些事？他们真正的兴趣在何处？于教师而言，观察每一个孩子的年龄、兴趣特点等，从而为孩子的示范、指导做出相应的计划；于家长而言，要通过观察了解孩子的发展特点，他的动作、语言各有什么样的表现，这样才能真正了解孩子喜欢什么，满足孩子的发展需求。其次，为了创造蒙台梭利教育法中“有准备的环境”，促进孩子潜能、个性的发展，成人要准备促进孩子视觉、听觉、嗅觉、触觉等发展的空间和活动，帮助他们强化与提升，这对于孩子今后的学习和发展以及他进入社会以后都是大有裨益的。

比起其他所有，最重要的还是家长本身的眼光和态度。只要成人可以改变看孩子的眼光，那么蒙台梭利教育法在哪里都可以实施。

后记

在本书的最后，我想介绍几则幼儿园里可爱男孩的轶事。

有一年夏天，我去爬了富士山。第二天，就把这件事情跟班里的小朋友说了一下。

“富士山山顶在白云上呢。”我说。

一个年纪稍微大点的男孩战战兢兢地问：“老师，您是说您去白云上了吗？您见到雷公公了吗？”

我说：“因为不是积雨云，所以没有见到呢。”

“哎呀呀，那太好了，那就不会被抢走肚脐眼了[①]。”他似乎终于放下心来。

“雷公公根本不存在！”旁边一个女孩冷静地评价道。

男孩和女孩，在这种事情上的表现都很不一样呢。

前几天，有一个女孩的妈妈跟我说：

---

① 在日本，长辈经常对小孩子们说打雷的时候要藏住肚脐眼，否则会被雷公抢走。原意是“打雷下雨的时候会降温，因此要注意保暖”。——译者注

“儿子是妈妈的‘小情人’，又坦率又可爱。可女儿呢，从会说话开始就不得了，3岁就开始跟妈妈吵架、顶嘴，而且一点都不服输呢，真是愁死了！”

想了一下，确实是这样的。男孩可能会一不留神跑得无影无踪，让人头疼，但是很少会和妈妈吵架。何止不会吵架，每次洗澡或者睡觉前，他都会贴着妈妈耳朵小声说：“妈妈，我好喜欢你。”这种时候，总是不由感叹一句真的好可爱，大人的心都要融化了。

我一个好朋友的儿子已经长大成年，她说：“儿子，最多养到小学毕业。那之后，他再也不会‘妈妈、妈妈’地黏着你。所以，在他上初中之前多操心，后面也只能享受自己的时光了。”

在前言中我也说过，养育家里的两个男孩，比想象中困难许多。

关于男孩到底应该怎样养育，很多有经验的人给我支过招，我自己也在工作和学习中不断地探索。我想，等他们上了初中我应该能懂得多一些。而在此之前，我将继续竭尽全力，在养育男孩的路上踉踉跄跄地前行。

各位亲爱的读者，我也是一个烦恼于怎么养育男孩的妈妈。作为蒙台梭利幼儿教育咨询师，愿将这一路以来的经验与大家分享。

如果我的经验、建议能为你的育儿生活提供哪怕一点点启示和帮助，那作为本书作者，我将不胜荣幸。让我们接下来也在养育男孩的路上努力奔腾吧，男孩身上有那么多不可思议的秘密和潜能在等着我们挖掘，相信我们都能养育出拥有无限潜能的男孩！

“常青藤”书系—中青文教师用书总目录

书名	书号	定价
特别推荐——从优秀到卓越系列		
从优秀教师到卓越教师：极具影响力的日常教学策略（入选浙江省教师节用书）	9787515312378	33.80
从优秀教学到卓越教学：让学生专注学习的最实用教学指南	9787515324227	39.90
从优秀学校到卓越学校：他们的校长在哪些方面做得更好	9787515325637	33.80
卓越课堂管理（中国教育新闻网2015年度“影响教师的100本书”）	9787515331362	88.00
名师新经典/教育名著		
马文·柯林斯的教育之道：通往卓越教育的路径（《中国教育报》2019年度“教师喜爱的100本书”，中国教育新闻网“影响教师的100本书”。朱永新作序，李希贵力荐）	9787515355122	49.80
如何当好一名学校中层：快速提升中层能力、成就优秀学校的31个高效策略	9787515346519	29.00
像冠军一样教学：引领学生走向卓越的62个教学诀窍	9787515343488	49.00
像冠军一样教学2：引领教师掌握62个教学诀窍的实操手册与教学资源	9787515352022	68.00
如何成为高效能教师（美国最畅销教师用书，销量超过350万册，教师培训第一书）	9787515301747	89.00
给教师的101条建议（第三版）（《中国教育报》“最佳图书”奖）	9787515342665	33.00
改善学生课堂表现的50个方法（入选《中国教育报》“影响教师的100本书”）	9787500693536	33.00
改善学生课堂表现的50个方法操作指南：小技巧获得大改变	9787515334783	29.00
优秀教师一定要知道的17件事（美国当前最有影响教育畅销书作者全新力作）	9787515342726	23.00
美国中小学世界历史读本/世界地理读本/艺术史读本	9787515317397等	106.00
美国语文读本1-6	9787515314624等	252.70
和优秀教师一起读苏霍姆林斯基	9787500698401	27.00
快速破解60个日常教学难题	9787515339320	33.00
美国最好的中学是怎样的——让孩子成为学习高手的乐园	9787515344713	28.00
建立以学习共同体为导向的师生关系：让教育的复杂问题变得简单	9787515353449	33.80
教师成长/专业素养		
可见的学习与深度学习：最大化学生的技能、意志力和兴奋感	9787515361116	45.00
学生教给我的17件重要的事：带给你爱、勇气、坚持与创意的人生课堂	9787515361208	39.80
教师如何持续学习与精进	9787515361109	39.00
从实习教师到优秀教师	9787515358673	39.90
像领袖一样教学：改变学生命运，使学生变得更好（中国教育新闻网2015年度“影响教师的100本书”）	9787515355375	49.00
你的第一年：新教师如何生存和发展	9787515351599	33.80
教师精力管理：让教师高效教学，学生自主学习	9787515349169	28.00
如何使学生成为优秀的思考者和学习者：哈佛大学教育学院课堂思考解决方案	9787515348155	39.80
反思性教学：一个已被证明能让所有教师做到最好的培训项目（30周年纪念版）	9787515347837	49.00
凭什么让学生服你：极具影响力的日常教育策略（中国教育新闻网2017年度“影响教师的100本书”）	9787515347554	28.00
运用积极心理学提高学生成绩（中国教育新闻网2017年度“影响教师的100本书”）	9787515345680	39.80
可见的学习与思维教学：成长型思维教学的54个教学资源：教学资源版	9787515354743	36.00

	书名	书号	定价
★	可见的学习与思维教学：让教学对学生可见，让学习对教师可见（中国教育报2017年度“教师最喜爱的100本书”）	9787515345000	29.80
	教学是一段旅程：成长为卓越教师你一定要知道的事	9787515344478	39.00
	安奈特·布鲁肖写给教师的101首诗	9787515340982	35.00
	万人迷老师养成宝典学习指南	9787515340784	28.00
	中小学教师职业道德培训手册：师德的定义、养成与评估	9787515340777	32.00
	成为顶尖教师的10项修炼（中国教育新闻网2015年度“影响教师的100本书”）	9787515334066	35.00
★	T. E. T. 教师效能训练：一个已被证明能让所有年龄学生做到最好的培训项目（30周年纪念版）（中国教育新闻网2015年度“影响教师的100本书”）	9787515332284	49.00
	教学需要打破常规：全世界最受欢迎的创意教学法（中国教育新闻网2015年度“影响教师的100本书”）	9787515331591	33.00
	10天卓越教师自我培训（教育家安奈特·布鲁肖顶尖卓越教师培训教材）	9787515329925	29.00
	给幼儿教师的100个创意：幼儿园班级设计与管理 / 为幼升小做准备	9787515330310等	58.00
	给小学教师的100个创意：发展思维能力	9787515327402	29.00
	给中学教师的100个创意： 如何激发学生的天赋和特长 / 杰出的教学 / 快速改善学生课堂表现	9787515330723等	87.90
	以学生为中心的翻转教学11法	9787515328386	29.00
	如何使教师保持职业激情	9787515305868	29.00
★	如何培训高效能教师：来自全美权威教师培训项目的建议	9787515324685	32.00
	良好教学效果的12试金石：每天都需要专注的事情清单	9787515326283	29.90
★	让每个学生主动参与学习的37个技巧	9787515320526	28.00
	给教师的40堂培训课：教师学习与发展的最佳实操手册	9787515352787	39.90
	提高学生学习效率的9种教学方法	9787515310954	27.80
★	优秀教师的课堂艺术：唤醒快乐积极的教学技能手册	9787515342719	26.00
★	万人迷老师养成宝典（第2版）（入选《中国教育报》“2010年影响教师的100本书”）	9787515342702	29.00
	高效能教师的9个习惯	9787500699316	23.00
	课堂教学/课堂管理		
	跨学科项目式教学：通过“+1”教学法进行计划、管理和评估	9787515361086	49.00
★	课堂上最重要的56件事	9787515360775	35.00
★	全脑教学与游戏教学法	9787515360690	39.00
★	深度教学：运用苏格拉底式提问法有效开展备课设计和课堂教学	9787515360591	49.90
★	一看就会的课堂设计：三个步骤快速构建完整的课堂管理体系	9787515360584	39.90
	如何有效激发学生学习兴趣	9787515360577	38.00
	如何解决课堂上最关键的9个问题	9787515360195	49.00
	多元智能教学法：挖掘每一个学生的最大潜能	9787515359885	39.90
★	探究式教学：让学生学会思考的四个步骤	9787515359496	39.00
	课堂提问的技术与艺术	9787515358925	49.00
	如何在课堂上实现卓越的教与学	9787515358321	49.00
	基于学习风格的差异化教学	9787515358437	39.90

书名	书号	定价
如何在课堂上提问：好问题胜过好答案	9787515358253	39.00
高度参与的课堂：提高学生专注力的沉浸式教学	9787515357522	39.90
让学习变得有趣	9787515357782	39.00
如何利用学校网络进行项目式学习和个性化学习	9787515357591	39.90
基于问题导向的互动式、启发式与探究式课堂教学法	9787515356792	49.00
如何在课堂中使用讨论：引导学生讨论式学习的60种课堂活动	9787515357027	38.00
如何在课堂中使用差异化教学	9787515357010	39.90
如何在课堂中培养成长型思维	9787515356754	39.90
每一位教师都是领导者：重新定义教学领导力	9787515356518	39.90
教室里的1-2-3魔法教学：美国广泛使用的从学前到八年级的有效课堂纪律管理	9787515355986	39.90
如何在课堂中使用布卢姆教育目标分类法	9787515355658	39.00
如何在课堂上使用学习评估	9787515355597	39.00
7天建立行之有效的课堂管理系统：以学生为中心的分层式正面管教	9787515355269	29.90
积极课堂：如何更好地解决课堂纪律与学生的冲突	9787515354590	38.00
设计智慧课堂：培养学生一生受用的学习习惯与思维方式	9787515352770	39.00
追求学习结果的88个经典教学设计：轻松打造学生积极参与的互动课堂	9787515353524	39.00
从备课开始的100个课堂活动设计：创造积极课堂环境和学习乐趣的教师工具包	9787515353432	33.80
老师怎么教，学生才能记得住	9787515353067	48.00
多维互动式课堂管理：50个行之有效的方法助你事半功倍	9787515353395	39.80
智能课堂设计清单：帮助教师建立一套规范程序和做事方法	9787515352985	49.90
提升学生小组合作学习的56个策略：让学生变得专注、自信、会学习	9787515352954	29.90
快速处理学生行为问题的52个方法：让学生变得自律、专注、爱学习	9787515352428	39.00
王牌教学法：罗恩·克拉克学校的创意课堂	9787515352145	39.80
让学生快速融入课堂的88个趣味游戏：让上课变得新颖、紧凑、有成效	9787515351889	39.00
如何调动与激励学生：唤醒每个内在学习者（李希贵校长推荐全校教师研读）	9787515350448	39.80
合作学习技能35课：培养学生的协作能力和未来竞争力	9787515340524	45.00
基于课程标准的STEM教学设计：有趣有料有效的STEM跨学科培养教学方案	9787515349879	68.00
如何设计教学细节：好课堂是设计出来的	9787515349152	39.00
15秒课堂管理法：让上课变得有料、有趣、有秩序	9787515348490	33.80
混合式教学：技术工具辅助教学实操手册	9787515347073	39.80
从备课开始的50个创意教学法	9787515346618	29.00
中学生实现成绩突破的40个引导方法	9787515345192	33.00
给小学教师的100个简单的科学实验创意	9787515342481	39.00
老师如何提问，学生才会思考	9787515341217	33.80
教师如何提高学生小组合作学习效率	9787515340340	29.00
卓越教师的200条教学策略	9787515340401	35.00
中小学生执行力训练手册：教出高效、专注、有自信的学生	9787515335384	33.80
从课堂开始的创客教育：培养每一位学生的创造能力	9787515342047	33.00
提高学生学习专注力的8个方法：打造深度学习课堂	9787515333557	35.00

	书名	书号	定价
	改善学生学习态度的58个建议	9787515324067	25.00
★	全脑教学（中国教育新闻网2015年度“影响教师的100本书”）	9787515323169	38.00
★	全脑教学与成长型思维教学：提高学生学习力的92个课堂游戏	9787515349466	39.00
★	哈佛大学教育学院思维训练课	9787515325101	36.00
	完美结束一堂课的35个好创意	9787515325163	28.00
	如何更好地教学：优秀教师一定要知道的事（被英国教育界奉为圣经的教学用书）	9787515324609	36.00
	带着目的教与学	9787515323978	28.00
★	美国中小学生社会技能课程与活动（学前阶段/1-3年级/4-6年级/7-12年级）	9787515322537等	153.80
	彻底走出教学误区：开启轻松智能课堂管理的45个方法	9787515322285	28.00
	破解问题学生的行为密码：如何教好焦虑、逆反、孤僻、暴躁、早熟的学生	9787515322292	36.00
	13个教学难题解决手册	9787515320502	28.00
★	让学生爱上学习的165个课堂游戏	9787515319032	39.00
	美国学生游戏与素质训练手册：培养孩子合作、自尊、沟通、情商的103种教育游戏	9787515325156	36.00
	老师怎么说，学生才会听	9787515312057	28.00
	快乐教学：如何让学生积极与你互动（入选《中国教育报》“影响教师的100本书”）	9787500696087	29.00
★	老师怎么教，学生才会提问	9787515317410	29.00
★	快速改善课堂纪律的75个方法	9787515313665	28.00
★	教学可以很简单：高效能教师轻松教学7法	9787515314457	39.00
★	好老师可以避免的20个课堂错误（入选《中国教育报》“影响教师的100本图书”）	9787500688785	39.90
★	好老师应对课堂挑战的25个方法（《给教师的101条建议》作者新书）	9787500699378	25.00
★	好老师激励后进生的21个课堂技巧	9787515311838	39.80
★	开始和结束一堂课的50个好创意	9787515312071	29.80
	好老师因材施教的12个方法（美国著名教师伊莉莎白“好老师”三部曲）	9787500694847	22.00
★	如何打造高效能课堂（美国《学习》杂志“教师必选”奖，“激励教师组织”推荐书目）	9787500680666	29.00
	合理有据的教师评价：课堂评估衡量学生进步	9787515330815	29.00
	班主任工作/德育		
★	北京四中8班的教育奇迹	9787515321608	36.00
★	师德教育培训手册	9787515326627	29.80
	中小学教师职业道德培训手册：师德的定义、养成与评估	9787515340777	32.00
★	好老师征服后进生的14堂课（美国著名教师伊莉莎白“好老师”三部曲）	9787500693819	39.90
	优秀班主任的50条建议：师德教育感动读本（《中国教育报》专题推荐）	9787515305752	23.00
	学校管理/校长领导力		
	学校管理最重要的48件事	9787515361055	39.80
	重新设计学习和教学空间：设计利于活动、游戏、学习、创造的学习环境	9787515360447	49.90
	重新设计一所好学校：简单、合理、多样化地解构和重塑现有学习空间和学校环境	9787515356129	49.00
	让樱花绽放英华	9787515355603	79.00
	学校管理者平衡时间和精力的21个方法	9787515349886	29.90
	校长引导中层和教师思考的50个问题	9787515349176	29.00
	如何定义、评估和改变学校文化	9787515340371	29.80

书名	书号	定价
优秀校长一定要做的18件事（入选《中国教育报》“2009年影响教师的100本书”）	9787515342733	26.00
学科教学/教科研		
北京四中语文课. 千古文章	9787515360973	59.00
北京四中语文课. 亲近经典	9787515360980	59.00
从备课开始的56个英语创意教学：快速从小白老师到名师高手	9787515359878	49.90
美国学生写作技能训练	9787515355979	39.90
《道德经》妙解、导读与分享（诵读版）	9787515351407	49.00
京沪穗江浙名校名师联手教你：如何写好中考作文	9787515356570	49.90
京沪穗江浙名校名师联手授课：如何写好高考作文	9787515356686	49.80
★ 人大附中中考作文取胜之道	9787515345567	39.80
★ 人大附中高考作文取胜之道	9787515320694	33.80
★ 人大附中学生这样学语文：走近经典名著	9787515328959	33.80
四界语文（中国教育报2017年度“教师喜爱的100本书”）	9787515348483	49.00
让小学一年级孩子爱上阅读的40个方法	9787515307589	39.90
让学生爱上数学的48个游戏	9787515326207	26.00
轻松100 课教会孩子阅读英文	9787515338781	88.00
情商教育/心理咨询		
9节课，教你读懂孩子：妙解亲子教育、青春期教育、隔代教育难题	9787515351056	39.80
★ 学生版盖洛普优势识别器（独一无二的优势测量工具）	9787515350387	169.00
与孩子好好说话（获“美国国家育儿出版物（NAPPA）金奖”，沟通圣经）	9787515350370	39.80
中小学心理教师的10项修炼	9787515309347	36.00
★ 别和青春期的孩子较劲（增订版）（入选《中国教育报》“2009年影响教师的100本书”）	9787515343075	28.00
★ 100条让孩子胜出的社交规则	9787515327648	28.00
守护孩子安全一定要知道的17个方法	9787515326405	32.00
幼儿园/学前教育		
用蒙台梭利教育法开启0~6岁男孩潜能	9787515361222	45.00
德国幼儿的自我表达课：不是孩子爱闹情绪，是她/他想说却不会说！	9787515359458	59.00
德国幼儿教育成功的秘密：近距离体验德国学前教育理念与幼儿园日常活动安排	9787515359465	49.80
美国儿童自然拼读启蒙课：至关重要的早期阅读训练系统	9787515351933	49.80
幼儿园30个大主题活动精选：让工作更轻松的整合技巧	9787515339627	39.80
★ 美国幼儿教育活动大百科：3-6岁儿童学习与发展指南用书 科学 / 艺术 / 健康与语言 / 社会	9787515324265等	600.00
蒙台梭利早期教育法：3-6岁儿童发展指南（理论版）	9787515322544	29.80
蒙台梭利儿童教育手册：3-6岁儿童发展指南（实践版）	9787515307664	25.00
★ 自由地学习：华德福的幼儿园教育	9787515328300	29.90
赞美你：奥巴马给女儿的信	9787515303222	19.90
史上最接地气的幼儿书单	9787515329185	39.80
教育主张/教育视野		
终身学习：让学生在未来拥有不可替代的决胜力	9787515360560	49.90

	书名	书号	定价
	颠覆性思维：为什么我们的阅读方式很重要	9787515360393	39.90
	如何教学生阅读与思考：每位教师都需要的阅读训练手册	9787515359472	39.00
	“互联网+”时代，如何做一名成长型教师	9787515340302	29.90
	教出阅读力	9787515352800	39.90
	为学生赋能：当学生自己掌控学习时，会发生什么	9787515352848	33.00
	如何用设计思维创意教学：风靡全球的创造力培养方法	9787515352367	39.80
	如何发现孩子：实践蒙台梭利解放天性的趣味游戏	9787515325750	32.00
	如何学习：用更短的时间达到更佳效果和更好成绩	9787515349084	49.00
	教师和家长共同培养卓越学生的10个策略	9787515331355	27.00
★	如何阅读：一个已被证实的低投入高回报的学习方法	9787515346847	39.00
★	芬兰教育全球第一的秘密（钻石版）（《中国教育报》等主流媒体专题推荐，台湾地区教育类畅销书榜第一名）	9787515359922	59.00
	世界最好的教育给父母和教师的45堂必修课（《芬兰教育全球第一的秘密》2）	9787515342696	28.00
★	杰出青少年的7个习惯（精英版）（中小学图书馆推荐书目、中国青少年必读书目）	9787515342672	39.00
	杰出青少年的7个习惯（成长版）	9787515335155	29.00
★	杰出青少年的6个决定（领袖版）（中小学图书馆推荐书目、中国青少年必读书目、全国优秀出版物奖）	9787515342658	28.00
★	7个习惯教出优秀学生（第2版）（全球第一畅销书《高效能人士的七个习惯》教师版）	9787515342573	39.90
	学习的科学：如何学习得更好更快（入选中国教育网2016年度“影响教师的100本书”）	9787515341767	39.80
	杰出青少年构建内心世界的5个坐标（中国青少年成长公开课）	9787515314952	59.00
★	跳出教育的盒子（第2版）（美国中小学教学经典畅销书）	9787515344676	35.00
	夏烈教授给高中生的19场讲座（入选《中国教育报》“2013年最受教师欢迎的100本书”）	9787515318813	29.90
★	学习之道：美国公认经典学习书	9787515342641	39.00
★	翻转学习：如何更好地实践翻转课堂与慕课教学（中国教育新闻网2015年度“影响教师的100本书”）	9787515334837	32.00
★	翻转课堂与慕课教学：一场正在到来的教育变革	9787515328232	26.00
	翻转课堂与混合式教学：互联网+时代，教育变革的最佳解决方案	9787515349022	29.80
	翻转课堂与深度学习：人工智能时代，以学生为中心的智慧教学	9787515351582	29.80
★	奇迹学校：震撼美国教育界的教学传奇（中国教育新闻网2015年度“影响教师的100本书”）	9787515327044	36.00
★	学校是一段旅程：华德福教师1-8年级教学手记	9787515327945	32.00
★	高效能人士的七个习惯（30周年纪念版）（全球畅销书）	9787515360430	79.00